Le grand livre du Berger Allemand

David Daigneault

Données de publication

David Daigneault

Le grand livre du Berger Allemand---- Première édition

Résumé : « Élever avec succès un Berger Allemand du chiot jusqu'à un âge avancé » – Fourni par l'éditeur.

ISBN: 979-8-89818-018-8

[1. Bergers Allemands – Documentaire] I. Titre.

Ce livre a été rédigé dans le but de fournir des informations précises et fiables concernant le sujet traité. Bien que toutes les précautions raisonnables aient été prises lors de sa préparation, l'auteur et l'éditeur déclinent expressément toute responsabilité pour les erreurs, omissions ou effets indésirables résultant de l'utilisation des informations contenues. Les techniques et suggestions doivent être utilisées à la discrétion du lecteur et ne remplacent pas les soins vétérinaires professionnels. Si vous soupçonnez un problème médical avec votre chien, consultez votre vétérinaire.

Conception par Sorin Rădulescu
Première édition française, 2025

Pour Cody,
merci pour les leçons de vie -

TABLE DES MATIÈRES

INTRODUCTION :

En toute transparence, je ne suis ni éducateur canin ni éleveur. Mes qualifications se résument à être un amoureux des chiens de longue date et à avoir suivi un cours intensif de cinq ans avec mon Berger Allemand, Cody, depuis ses premiers pas hésitants à huit semaines jusqu'à son stade actuel d'adulte ambitieux de cinq ans.

Posséder un chien est un engagement à vie, et j'estime important de partager mes connaissances. Une partie de mon savoir provient de l'école de la vie. Ma femme et moi avons commis des erreurs en chemin. Les Bergers Allemands peuvent être têtus ; ils ont leur propre caractère et n'hésitent pas à prendre une décision si vous ne le faites pas. Votre Berger Allemand ne saura que ce que vous lui aurez enseigné, en bien ou en mal. S'il creuse des trous dans le jardin, ce n'est pas sa faute, c'est la vôtre. Mes connaissances proviennent aussi d'éducateurs, d'autres propriétaires et de livres. Lorsque vous accueillez un chiot Berger Allemand, préparez-vous à vivre une aventure extraordinaire. Ils vous aimeront et ne vous abandonneront jamais.

L'une des meilleures qualités d'un chien est sa vision du monde. Pour votre compagnon, chaque jour est nouveau. Il y a une fraîcheur à franchir la porte pour explorer le monde. Ce qui vous semble être le même chemin est pour votre chien un univers d'odeurs, de vues et de sons à découvrir. Un lapin traverse le sentier et votre chien le poursuivra comme s'il n'en avait jamais vu.

Les chiens apportent une perspective différente sur la vie. Ils vous invitent à vivre l'instant présent, profitent de ce qui se passe maintenant et ne s'inquiètent pas du crédit immobilier ou du projet au travail. Ils ont la chance de ne pas avoir à apprendre à être ainsi, cela leur vient naturellement. Alors, la prochaine fois que vous vous promenez avec votre chien, essayez d'examiner tout à travers leurs yeux. Cela vous fera le plus grand bien.

.

Le bon Berger Allemand connaît son maître presque mieux que lui-même et doit certainement s'étonner de l'absence de réciprocité.

Max von Stephanitz

CHAPITRE 1
La saga du Berger Allemand

*Crédit photo :
Nanc Schutte*

Comme leur nom l'indique, les Bergers Allemands ont été initialement élevés pour être des chiens de travail et de troupeau. L'homme à qui l'on attribue l'établissement du Berger Allemand en tant que race distincte est un penseur novateur nommé Max von Stephanitz. Ce capitaine de cavalerie de l'armée allemande, passionné par les canidés, assistait à une exposition canine à la fin des années 1800 lorsqu'il aperçut un chien jaune et noir qui remuait la queue et dont il tomba amoureux. Von Stephanitz croyait fermement que les chiens devaient avoir une fonction. Il croyait également aux règles et à l'ordre. Il pouvait voir le potentiel de Hektor, comme s'appelait alors ce chien pionnier, et l'acheta sur-le-champ. Von Stephanitz travaillait depuis de nombreuses années sur un programme d'élevage coopératif qui visait à créer des lignées uniformes de chiens de travail en Allemagne. Il n'avait connu qu'un succès limité. En d'autres termes, il essayait de standardiser une profession, un passe-temps pour certains, qui était plutôt désorganisée. Lorsqu'il posa les yeux sur Hektor, il sut qu'il avait trouvé son prototype ultime. Hektor mesurait environ soixante-trois centimètres au garrot (haut de l'épaule) et ressemble certainement au Berger Allemand d'aujourd'hui, mais en regardant ses photos, on pourrait presque imaginer une part de loup dans ses origines. Ce qui pourrait être justifié car une rumeur persistante veut que Hektor ait eu du sang de loup dans son arbre généalogique.

Hektor allait par la suite voir son nom changé pour quelque chose de plus romantiquement approprié pour un étalon. Il devint Horand von Grafrath et forma la pièce maîtresse d'un programme d'élevage qui mettait l'accent sur la force physique, l'intelligence et la loyauté. Von Stephanitz créa ensuite l'Association du Berger Allemand (Verein für Deutsche Schäferhunde), qui établit les lignes directrices du standard de la race. Horand von Grafrath eut l'honneur de devenir le premier « Deutsche Schäferhunde » (Berger Allemand) enregistré. Et une chose encore : Von Stephanitz valorisait la ténacité. Cet attribut, combiné au reste du patrimoine génétique, fit des Bergers Allemands les canidés idéaux pour la prochaine étape de leur développement. Ils allaient devenir les chiens de guerre.

Chiens de guerre

La Première Guerre mondiale, la guerre qui devait mettre fin à toutes les guerres, comme on l'appelait ironiquement. Les Bergers Allemands faisaient partie de l'armée allemande lorsque les hostilités commencèrent en 1914. L'utilisation des canidés était nouvelle et avait été suggérée par, vous l'avez deviné, le capitaine Max von Stephanitz. Les chiens jouèrent divers rôles pendant ce conflit sanglant, notamment comme messagers, porteurs de munitions et sentinelles. La Croix-Rouge utilisa également des Bergers Allemands comme chiens de secours, pour retrouver les soldats blessés dans le chaos des batailles. Les attributs de force, d'intelligence et d'intrépidité, si longtemps admirés par von Stephanitz, firent des Bergers Allemands l'animal militaire idéal pour servir dans une atmosphère mortelle de bruit intense, de danger et de tumulte constant. Certaines estimations indiquent qu'à la fin de la Grande Guerre, plus de cinquante mille chiens avaient été utilisés tant par les Allemands que par les puissances alliées.

À la fin des hostilités en 1918, certains des principaux acteurs de l'époque, comme les allemands, les britanniques, les américains et les français, travaillaient sur des programmes individuels conçus pour développer des rôles spécifiques et intégrer les Bergers Allemands dans l'armée active. C'est également à cette époque que, grâce à la large exposition du Berger Allemand pendant la guerre, la popularité de la race explosa. Rien ne reflète mieux l'affinité du public américain pour le Berger Allemand que les phénomènes cinématographiques de Rintintin et Strongheart.

Strongheart fut une victime de la guerre de la même manière que de nombreux humains après 1918. Ce grand Berger Allemand mâle avait servi dans la Croix-Rouge allemande pendant le conflit, mais son propriétaire, démuni à la fin des hostilités, ne pouvait plus se permettre de le garder. Heureusement, le propriétaire de Strongheart avait un ami à New York qui possédait un chenil, alors Strongheart lui fut envoyé. Comme de nombreuses stars de cinéma humaines, Strongheart fut « découvert » par un réalisateur et finit par tourner six films d'aventure populaires au début des années vingt. Strongheart mourut en 1929, mais pas avant d'avoir propulsé le Berger Allemand dans les rêves et l'imagination d'innombrables cinéphiles.

Strongheart

Strongheart fut peut-être la première star canine du cinéma, mais il allait bientôt être éclipsé par un talent canin encore plus grand. Sans doute, la plus grande chance de Rintintin fut d'être sauvé, alors qu'il était chiot, par un soldat américain en France pendant la Première Guerre mondiale, puis ramené en Californie. Rintintin et son maître, Lee Duncan, trouvèrent rapidement leur chemin dans le cinéma muet. À la fin des années 1920, Rinty, comme Duncan appelait affectueusement son compagnon à fourrure, gagnait plus de cinq mille dollars par semaine et avait un chef cuisinier privé. L'acteur de cinéma à quatre pattes mourut en 1932, mais avait déjà plus de vingt-cinq films à son actif et tenait la vedette dans sa propre émission de radio, judicieusement intitulée « The Wonder Dog » (Le Chien Merveilleux).

Lorsque la Seconde Guerre mondiale éclata, les chiens, et particulièrement les Bergers Allemands, furent au cœur de l'action. Bien qu'ils aient été utilisés par les deux camps du conflit, c'est peut-être l'image sinistre du régime nazi avec sa police secrète, la Gestapo, arrêtant des personnes à l'aide de Bergers Allemands féroces et aboyants qui reste gravée dans de nombreuses mémoires. C'est peut-être aussi à cette époque qu'est apparu le stéréotype du « Grand méchant Berger Allemand », qui persiste encore aujourd'hui. Nous en parlerons davantage dans le chapitre trois, « Le stigmate du Berger Allemand ».

L'une des histoires les plus étonnantes concernant les chiens héroïques de la Seconde Guerre

Rin Tin Tin

mondiale tourne autour du 13e Bataillon de Parachutistes de l'Armée britannique. Ils avaient un chien nommé Bing, qui était un croisé de Berger Allemand. Bing était diplômé de l'École britannique de dressage des chiens de guerre et avait appris à sauter d'avions en portant son parachute. Ce « para-chien » sauta au combat en France le jour J. Ses domaines d'expertise étaient la localisation des champs de mines et la capacité de détecter les soldats ennemis cachés. Bing survécut à la guerre et reçut la plus haute distinction britannique pour les animaux ayant fait preuve d'une « bravoure remarquable ».

Berger Allemand pendant la Seconde Guerre mondiale

Il existe de nombreuses histoires émouvantes de chiens de guerre de la Seconde Guerre mondiale, mais au moins une autre mérite d'être mentionnée. Un autre croisé de Berger Allemand nommé Chips servit avec les forces américaines lors de l'invasion de la Sicile en 1943. Le limier intrépide attaqua un nid de mitrailleuses, mordant les soldats allemands présents et renversant la mitrailleuse de son support. Tous les Allemands sur place se rendirent à l'armée américaine et Chips s'en sortit avec des blessures mineures. Le chien audacieux fut plus tard recommandé pour plusieurs distinctions militaires, dont l'Étoile d'Argent et le Cœur Pourpre. Et une dernière anecdote sur Chips : lorsque le général Dwight Eisenhower, alors Commandant Suprême des Alliés en Europe, se pencha pour lui donner une tape de félicitations, le chien de guerre Chips mordit le militaire, comme il avait apparemment été dressé à le faire avec les étrangers qui l'approchaient. Au moins dans ce cas, Chips s'en tira après avoir mordu la main qui le nourrissait.

Après deux guerres mondiales, la population de Bergers Allemands et leurs propriétaires en Allemagne avait été décimée. Il fallut des années d'efforts aux éleveurs pour reconstituer une population de chiens présentant les caractéristiques que von Stephanitz avait si inlassablement recherchées. Entre-temps, la popularité de la race continua de monter en flèche en Amérique du Nord. « Les aventures de Rintintin » dominèrent les ondes télévisées de 1954 à 1959. Le Berger Allemand

Crédit photo :
Ashni Rana

figurait dans le top dix des chiens les plus populaires dans les années 1950. Avec toute cette gloire, cependant, vint un ensemble de différents problèmes. Alors que les éleveurs européens avaient suivi les directives établies par von Stephanitz, les éleveurs américains ne l'avaient pas fait. Cela signifiait que tandis que les éleveurs nord-américains se concentraient sur l'apparence du chien, avec une structure plus grande et un dos incliné pour les expositions, les éleveurs européens se concentraient sur la force physique, l'intelligence et la loyauté. Cette divergence nous amène aux deux mondes du Berger Allemand d'aujourd'hui.

Le Berger Allemand aujourd'hui

Bien que beaucoup d'entre nous puissent regarder un chien et dire « oh, c'est un Berger Allemand », dans le monde du Berger Allemand, c'est un peu plus compliqué que cela. En fait, on considère qu'il existe cinq lignées distinctes de Bergers Allemands, chacune avec son propre aspect et tempérament. Lorsque vous cherchez un chiot, vous pourriez vouloir approfondir les antécédents spécifiques de l'éleveur avec lequel vous traitez. En fonction des différentes lignées et de l'implication spécifique de l'éleveur, celui-ci devrait être en mesure de vous dire quelles seront les caractéristiques physiques de votre chiot à l'âge adulte et aussi quelle sera la « mentalité » du chien. Ils pourraient être caractérisés comme un « chien de famille » avec un « tempérament moyen », par exemple. Je vais utiliser mon propre Berger Allemand, Cody, comme exemple. Il vient d'un éleveur qui se spécialise dans les chiens à poil long, avec de grandes têtes carrées et des tempéraments plus calmes. L'éleveuse caractérise Cody comme ayant l'apparence d'un « Schäferhund » de style ancien avec un dos droit et elle se vante d'avoir des chiens importés dans son programme d'élevage. Comparons l'apparence de Cody à la première des cinq lignées de Berger Allemand sur notre liste.

Lignée d'exposition américaine

Cette lignée de chiens fait l'objet de nombreuses critiques. Ils ont été élevés principalement pour les expositions et ces animaux ont une tête beaucoup plus étroite que leurs homologues européens. La caractéristique la plus distinctive serait peut-être l'inclinaison sévère de l'arrière-train, ce que les experts canins appellent « l'angulation ». En théorie, avec des animaux bien élevés, le tempérament sera plus calme qu'une lignée de chien de travail, avec un peu moins d'énergie, ce qui peut les rendre plus adaptés comme chien de famille. La critique concernant cette lignée de Berger Allemand est qu'ils ont été élevés trop intensément pour les caractéristiques d'exposition, entraînant des problèmes de santé qui peuvent raccourcir prématurément la vie d'un chien. Deux des problèmes majeurs sont la dysplasie de la hanche et du coude. La dysplasie se produit lorsque les articulations ne se forment pas correctement, ce qui leur permet de se déboîter partiellement. Il s'agit principalement d'une condition génétique. L'élevage sans discernement et « de fond de cour » axé sur le profit et non sur le bien-être de l'animal a également nui à l'image du Berger Allemand en Amérique du Nord. Le chien de lignée d'exposition américaine sera plus lourd et plus grand que les chiens européens.

Lignée de travail tchèque

Ces chiens sont originaires de ce qu'on appelait alors la Tchécoslovaquie (maintenant la République tchèque et la Slovaquie). Cette branche de Berger Allemand a une coloration plus foncée et uniforme, avec prédominance du noir, du brun et du gris. Leurs oreilles sembleront petites comparées aux oreilles semblables à des radars que l'on voit sur certains chiens nord-américains. Les Bergers Allemands de lignée de travail tchèque ont une grande agilité et une constitution puissante. Ils étaient à l'origine utilisés pour la surveillance des frontières et la sécurité. Ils ont le dos droit et font preuve de niveaux d'énergie élevés.

Lignée de travail est-allemande RDA

Les chiens tchèques et les bergers est-allemands ont une génétique étroitement liée, mais il existe quelques différences. La lignée de chiens RDA est principalement de couleur foncée, avec un peu de rouge. Ils possèdent de grosses têtes, un large poitrail et des niveaux d'endurance élevés. Après la Seconde Guerre mondiale, lorsque l'Allemagne fut divisée, la partie communiste prit le contrôle de l'élevage et de l'enregistrement des Bergers Allemands dans sa juridiction. Ils furent rigoureusement élevés comme des chiens de travail capables d'effectuer de longues périodes de travail de sécurité, notamment pour pister et attaquer les personnes tentant de fuir l'Allemagne de l'Est.

Lignée de travail ouest-allemande

Cette lignée de la famille des Bergers Allemands est originaire de ce qui était l'Allemagne de l'Ouest d'après-guerre. Un peu comme leurs homologues de la RDA, ils ont été élevés pour la garde et le travail avec les forces armées et les forces de l'ordre. La couleur variera, mais ils peuvent avoir un manteau en selle avec du noir et du fauve, peut-être avec un peu de rouge. Leur arrière-train ne sera pas plat et aura une certaine angulation, mais pas autant que leurs cousins nord-américains. Leur tempérament peut ne pas être aussi intense que celui des Bergers de l'Est.

Lignée d'exposition ouest-allemande

Ces chiens ne sont pas aussi foncés dans leur coloration que leurs cousins de l'Est et auront généralement un design en selle, habituellement avec prédominance du noir et du rouge. Leur dos aura une certaine inclinaison. Ils sont généralement en meilleure santé que les chiens américains en raison des directives de l'Association du Berger Allemand qui mettent l'accent sur la certification des hanches et des coudes chez les chiens reproducteurs. Ils ont une constitution un peu plus trapue et leur visage ne sera pas aussi étroit que celui des Bergers nord-américains.

- En moyenne, les mâles Bergers Allemands mesurent entre 60 et 66 centimètres au garrot et pèsent entre 30 et 41 kilogrammes.
- En moyenne, les femelles Bergers Allemands mesurent entre 56 et 61 centimètres au garrot et pèsent entre 23 et 32 kilogrammes.

Donc, après toutes ces informations de fond, la question demeure : comment est un Berger Allemand ? Comment se comporteront-ils dans votre foyer ? En tant que propriétaire de chien, je peux vous dire que le comportement de votre chien dépend principalement de vous. Si vous avez consacré du temps et renforcé l'éducation de votre chien, votre Berger Allemand sera aussi bien éduqué que vous le souhaitez. En approfondissant un peu, nous pouvons généraliser quelque peu sur la race, mais vous devez garder à l'esprit la prédisposition génétique des différentes lignées de Bergers Allemands dont nous venons de parler. En d'autres termes, faites vos recherches. Vous ne pourrez jamais trop lire sur la race de chien à laquelle vous pensez et vous ne pourrez jamais poser trop de questions. Dans le cas du Berger Allemand, la lignée d'élevage est également importante. Si un éleveur est réticent à répondre aux questions, il est peut-être temps de chercher un autre éleveur.

Les Bergers Allemands ne sont pas comme les autres chiens que vous pourriez acquérir. Ils sont intelligents, ils veulent apprendre, ils ont une énergie sans limites et ils veulent beaucoup de votre temps. Si vous ne pouvez pas faire face à ce package, n'adoptez pas un Berger Allemand. Je vois tous les jours des annonces de personnes qui tentent de « replacer » leur Berger Allemand parce qu'elles ne peuvent pas consacrer le temps nécessaire, ou leurs circonstances ont changé et elles ne peuvent plus garder le chien. Pour moi, c'est comme dire qu'elles ne peuvent plus se permettre de nourrir un membre de la famille et qu'il doit partir. Réfléchissez longuement et sérieusement à votre décision d'acquérir un grand chien exigeant comme un Berger Allemand. Si vous décidez d'en adopter un pour toutes les bonnes raisons, vous aurez un partenaire et un meilleur ami pour la vie. Je vous donnerai quelques éléments de réflexion dans le prochain chapitre qui vous aideront à prendre votre décision concernant votre chien.

CHAPITRE 2
Le Berger Allemand est-il fait pour vous ?

« Trop souvent, je vois des personnes qui adoptent un Berger Allemand parce que leur voisin ou ami en avait un qu'ils appréciaient, ou parce qu'ils adorent leur apparence, ou encore parce qu'ils sont séduits par les récits de leur courage. Mais cette race nécessite une véritable recherche préalable. Vous devez comprendre leurs besoins et déterminer s'ils s'adapteront réellement à votre mode de vie. Préparez-vous à accueillir un chien intelligent qui vous mènera par le bout du nez s'il perçoit un manque de constance dans votre attitude. Ils ont besoin de travailler et d'avoir une mission ; ce sont des chiens de travail qui peuvent devenir nerveux et destructeurs s'ils ne sont pas correctement stimulés. »

Celeste Schmidt
Dakonic Bergers Allemands

Peu de choses sont aussi agréables qu'un Berger Allemand parfaitement socialisé et bien éduqué. Cette race est belle, intelligente, loyale, protectrice, athlétique, drôle et créative. Ce sont d'excellents compagnons et les Bergers Allemands ne se lassent jamais de votre présence. Voilà quelques-unes des qualités qu'ils vous offrent. En retour, ils exigent certaines choses fondamentales pour devenir de bons citoyens canins. C'est là que vous devez leur rendre la pareille. Examinons ce que vous devez considérer avant de franchir cette étape décisive d'accueillir un Berger Allemand chez vous. Oui, les chiots sont mignons et tout le monde adore ces petites boules de poils, mais ils ne restent pas ainsi très longtemps. Vous aurez bientôt un chien de quarante kilos qui se tournera vers vous pour être guidé.

*Crédit photo :
Carrie Anderson*

Combien de temps pouvez-vous consacrer à votre chien ? Voici quelques questions à vous poser sérieusement avant le jour J, le jour d'arrivée de votre chien. Voyons si vous pouvez gérer cette responsabilité.

Exercice

Un Berger Allemand ne se contente pas de rester à la maison toute la journée. Il a besoin de stimulation et d'exercice. Chaque jour. Chez nous, mon chien, Cody, sort au minimum cinq fois par jour. Deux de ces sorties durent trente minutes ou plus. Certaines promenades incluent des jeux de balle comme le football, son sport préféré. Le chien sort, qu'il pleuve ou qu'il neige, peu importe les conditions météorologiques. Les Bergers Allemands peuvent s'adapter à la plupart des conditions, ce qui signifie que vous devez être prêt à sortir plusieurs fois, régulièrement, par tous les temps. Ce n'est qu'une partie du programme d'exercice. Un chien qui fait beaucoup d'exercice et qui est fatigué à la fin de la journée est un bon chien. Cependant, l'exercice physique n'est pas le seul type d'effort dont votre chien a besoin. L'exercice mental est également nécessaire. Le renforcement des ordres, les jeux de balle et l'apprentissage de nouveaux tours contribuent tous à le fatiguer. Si vous et votre famille ne pouvez pas vous engager à fournir un minimum adéquat d'exercice physique et mental, alors ne pensez pas à adopter un Berger Allemand.

Entretien

Votre compagnon est peut-être un chien merveilleux, mais il y a certaines choses qu'il ne peut pas faire seul. Votre chien devrait être brossé une fois par jour. Cela aide à éliminer l'excès de poils, et si votre Berger Allemand a un poil plus long, cela évite les nœuds. D'après mon expérience, cette race ne nécessite pas beaucoup de bains. En fait, moins c'est mieux, car vous ne voulez pas éliminer les huiles essentielles qui aident à maintenir la peau du chien en bonne santé. Deux ou trois fois par an suffisent amplement, sauf s'ils ont rencontré une faune hostile, comme des mouffettes. Vous devez être prêt à administrer des médicaments contre les vers du cœur, les puces et les tiques selon les besoins. Un brossage régulier des dents est indispensable. Les chiens sont sensibles à l'accumulation de tartre et si vous la laissez s'aggraver, cela nécessitera une visite chez le vétérinaire. En parlant de vétérinaires, un bilan annuel au minimum est obligatoire pour votre Berger Allemand. Vous devrez certainement prévoir des visites plus fréquentes lorsque votre chien sera chiot. Une assurance pour animaux de compagnie est donc une option judicieuse.

Éducation et dressage

Vous devriez probablement prévoir un cours d'éducation pour chiots. Cela aidera non seulement à socialiser votre jeune chien, mais vous donnera également de bonnes habitudes à intégrer dans votre routine quotidienne. Vous devrez être le leader aux yeux de votre chien. Les Bergers Allemands vous observent constamment, à la recherche d'indices. Ils veulent savoir ce qu'on attend d'eux et ils comptent sur vous pour leur donner des directives. N'oubliez pas qu'ils sont parfaitement capables de prendre des décisions par eux-mêmes si vous ne prenez pas les devants. Vous pourriez ne pas apprécier les conséquences si votre Berger Allemand prend les commandes. Une formation complémentaire, soit en cours collectif soit en individuel, est une bonne idée si vous pouvez vous le permettre. Tout ce que vous apprenez en cours devrait être transmis aux membres de la famille pour renforcement.

Temps de qualité

Crédit photo :
Andrea Liu

Votre chien doit être considéré comme un membre de la famille et, à ce titre, doit passer autant de temps de qualité que possible avec sa meute. Il devrait vous accompagner dans la plupart de vos déplacements. N'oubliez pas qu'il existe de nombreux magasins qui accueillent les chiens. Votre Berger Allemand devrait également être le bienvenu pour s'allonger sur le tapis et regarder la télévision avec la famille. J'ai surpris Cody plus d'une fois en train de suivre attentivement l'action à l'écran. Les Bergers Allemands sont des chiens sociables qui veulent être avec vous. Assurez-vous également que tous les membres de la famille sont sur la même longueur d'onde concernant l'arrivée de votre nouveau membre. Les chiens ne font pas de bons cadeaux, alors pas de Berger Allemand sous le sapin de Noël. Il est également utile que chaque membre du foyer ait une tâche liée au chien. Appelez cela du temps de qualité avec votre compagnon à quatre pattes.

Espace de vie

Vous devez disposer d'un logement adapté pour votre chien. Bien que j'aie entendu parler de Bergers Allemands vivant en appartement, je pense que ce n'est pas le logement le plus approprié pour eux. Ils ont besoin d'espace intérieur et extérieur. Une maison avec un grand jardin clôturé est souhaitable ; une propriété à la campagne serait considérée comme un paradis. Si vous êtes locataire, n'oubliez pas que les propriétaires ne sont généralement pas très favorables aux Bergers Allemands. N'adoptez pas un Berger Allemand si votre situation de logement n'est pas stable et qu'un déménagement pourrait être envisagé. Les Bergers Allemands aiment la routine ; ils aiment savoir à quoi s'attendre. Peut-on les blâmer ?

Dépenses

Les Bergers Allemands sont de grands chiens. Ils représentent également une dépense importante. Vous devez être prêt à assumer les frais pour votre meilleur ami. Établir un budget est indispensable. Les coûts permanents pour votre chien adulte peuvent facilement dépasser deux mille euros par an, voire plus selon la santé de l'animal et le type d'alimentation de votre Berger Allemand. Cela ne tient pas compte des dépenses initiales engagées dans la période initiale de possession d'un animal, comme les jouets, la cage de transport, les laisses, les colliers et les gamelles. Je détaillerai ces coûts plus tard dans le chapitre 5.

Motivation

Ce dernier point est le plus important. N'adoptez pas un Berger Allemand parce que vous pensez qu'il ferait un bon accessoire viril. Adoptez-en un si vous cherchez un chien que vous aimerez comme un membre de la famille. Et ce, pour toute la vie de l'animal. Les Bergers Allemands peuvent vivre jusqu'à douze à quatorze ans, donc en accueillir un chez vous n'est pas un engagement à court terme.

Crédit photo :
Nicole Grethen

Acheter ou adopter

« Personnellement, je pense les éleveurs réputés comme les refuges sérieux proposent des chiens qui répondent aux besoins de chacun. En tant qu'éleveuse reconnue de Bergers Allemands, je recommanderais aux gens de prendre en compte le tempérament, les niveaux d'énergie et le caractère qui conviennent le mieux à leurs besoins, plutôt que la couleur et les lignées du chien. »

Erika Martin
Century Farms

C'est un triste constat. Il y a des centaines de milliers de chiens dans les refuges et les associations de sauvetage à travers la France. Beaucoup d'entre eux risquent l'euthanasie parce que personne ne semble les vouloir. Voici quelques chiffres peu encourageants issus de la Fondation 30 Millions d'Amis et de la SPA (Société Protectrice des Animaux) :

- Près de 100 000 animaux sont abandonnés chaque année en France, dont environ 60 000 pendant l'été, un triste record en Europe
- Chaque année, plusieurs milliers de chiens sont euthanasiés faute de place ou en raison de troubles comportementaux jugés ingérables

Un grand nombre des chiens recueillis sont de race pure, et si vous consultez les sites des refuges ou associations, vous verrez fréquemment des Bergers Allemands, des Malinois ou des Staffies. Ils sont là pour les raisons suivantes, une fois de plus selon la SPA.

- Comportements problématiques
- Comportements agressifs
- Taille devenue plus grande que prévu
- Problèmes de santé que le propriétaire ne pouvait pas gérer

Les chiens de refuge ne sont pas de mauvais chiens ; ils n'ont simplement pas eu de propriétaires très responsables. Malheureusement, ce sont les chiens qui en paient le prix. Donc, si vous cherchez un compagnon et n'avez pas d'exigences spécifiques en tête, un chien adopté pourrait être exactement ce qu'il vous faut. Généralement, les frais d'adoption sont relativement peu élevés, peut-être quelques centaines d'euros pour un chien de race pure. Cependant, lorsque vous comparez cela aux prix des éleveurs qui dépassent souvent mille euros, les animaux de refuge sont plus qu'abordables. Envisager un Berger Allemand adulte d'un

*Crédit photo :
Mika Lee*

refuge vous donne la possibilité de voir la taille de l'animal, d'évaluer sa personnalité, peut-être même de passer du temps avec lui pour vous faire une idée de son tempérament. Ce sont tous des avantages associés à l'adoption.

Il y a un inconvénient majeur que vous devez connaître. Vous ne pourrez jamais savoir dans quelle mesure la vie antérieure de l'animal l'a affecté. Tout, de l'anxiété de séparation à la peur des hommes (peut-être en raison de mauvais traitements). Soyez prêt à ce que votre Berger Allemand de refuge nécessite un peu plus de patience. Donc, si vous adoptez, vous prenez en charge certaines inconnues, mais si vous envisagez un Berger Allemand en premier lieu, vous devriez être une personne suffisamment forte pour gérer quelques turbulences. Si vous voulez un Berger Allemand, qu'il y en a trop dans le système des refuges, et que vous pourriez sauver une vie, cela pourrait être la meilleure décision que vous ayez jamais prise. Pour toutes les personnes concernées.

Acheter chez un éleveur

Il ne manque pas d'éleveurs. Malheureusement, il y a une pénurie d'éleveurs réputés, il est donc important de faire vos recherches. Quelques points à considérer :

- Assurez-vous de signer un contrat qui précise les obligations des deux parties.

- L'éleveur doit offrir une garantie de santé (concernant la dysplasie de la hanche et du coude).

- L'éleveur doit être prêt à fournir des références de personnes qui ont acheté des chiots chez lui.

- Les parents sont-ils visibles ? La mère devrait être sur place au minimum.

- Les deux parents doivent avoir des inscriptions officielles au LOF.

- Il devrait y avoir une liste d'attente pour les chiots.

- Il ne devrait pas y avoir plus d'une ou deux portées produites par an.

Dans ma recherche d'un chiot, par exemple, je suis allé à des expositions canines pour parler aux éleveurs et observer différents chiens. Vous pourriez également consulter votre vétérinaire local pour voir s'il a des recommandations d'éleveurs à faire en fonction de son expérience personnelle. Il existe de nombreux clubs de Bergers Allemands. Même s'il n'y en a pas dans votre région, prendre contact et parler à un membre de votre situation peut être une source d'information inestimable. Le bouche-à-oreille peut également être une bonne source de renseignements sur les Bergers Allemands. Je rencontre presque chaque semaine des personnes qui ont des Bergers Allemands et qui sont toujours heureuses de vous montrer des photos et de parler de l'éleveur auprès duquel elles ont acheté leur chien. Une promenade dans votre parc canin local vous plonge dans un environnement canin qui peut être révélateur tout en vous mettant en contact avec toutes sortes de passionnés de chiens.

L'une des premières choses que j'ai faites dans ma recherche de chien, après d'innombrables heures de recherche, a été d'aller rendre visite à l'éleveur que j'avais repéré. Assurez-vous de prêter attention à l'environnement domestique de l'éleveur. Vérifiez l'état des autres chiens présents et posez toutes les questions qui vous viennent à l'esprit. Il n'y a pas de questions bêtes. Examinez les chiots pour voir s'ils sont bien entretenus. Remarquez à quel point ils semblent vifs et désireux de vous examiner. L'éleveur devrait également avoir beaucoup de questions pour vous. Il devrait veiller au bien-être de ses chiots et s'assurer qu'ils vont dans des foyers appropriés. L'éleveur devrait également proposer de reprendre votre chien si votre situation change et que vous ne pouvez plus le garder.

La décision

« Posez à l'éleveur des questions sur le tempérament du chien, sur la formation qu'ont reçue les parents et sur les titres que leurs chiens ont obtenus. Cela vous donnera une bonne idée du tempérament des chiots. Demandez à l'éleveur une explication du tempérament de chacun des chiots de la portée et quel chiot convient le mieux à votre mode de vie. Certains chiots sont plus actifs, tandis que d'autres sont plus calmes. »

Katie Halfen
Casamoko Shepherds

Si votre cœur penche pour un Berger Allemand et que vous avez décidé d'aller de l'avant, il vous sera utile de réfléchir au chien que vous voulez plutôt qu'à simplement un chien. Voici ce que je veux dire par là. Une fois de plus, j'utiliserai ma propre expérience : Lorsque ma femme et moi avons parlé d'adopter un chiot, nous savions que nous voulions un chien de famille, avec un caractère sociable, que nous n'aurions pas à isoler pour assurer la sécurité des visiteurs. Alors, quand nous avons parlé à notre éleveuse, nous avons très rapidement identifié qu'elle élevait ses chiens pour un « tempérament calme et équilibré » et pour être un « compagnon familial ». C'est ce que nous voulions.

Identifiez donc les qualités que votre famille recherche. Rappelez-vous les cinq lignées de Bergers Allemands dont j'ai parlé dans le chapitre un. Vous pouvez trouver des éleveurs ici et à l'étranger qui peuvent fournir des Bergers Allemands avec différents attributs et caractères. Si vous cherchez à participer à des compétitions, vous voudrez peut-être un Berger avec un caractère plus affirmé. Tout dépend de la raison pour laquelle vous voulez le chien, puis de trouver le bon éleveur. Cela peut prendre du temps pour trouver le bon élevage, mais prenez votre temps et faites le bon choix. N'oubliez pas, c'est pour la vie.

Faire reproduire ou non

L'une des décisions les plus importantes que vous prendrez concernant votre Berger Allemand est de savoir si vous avez l'intention de le faire reproduire. C'est un choix qui ne doit pas être pris à la légère. Rappelez-vous tous les chiens dans les refuges et le taux élevé d'euthanasie ? Le contrat avec votre éleveur devrait inclure une clause de stérilisation/

castration et si vous décidez de ne pas stériliser/castrer, le prix d'achat de votre Berger Allemand sera plus élevé. Lorsque vous envisagez d'avoir une portée, vous devez tenir compte de toutes les qualités responsables que vous attendiez de votre éleveur lorsque vous avez acheté votre chiot. Vous devrez chercher un partenaire de race pure adapté à votre Berger Allemand. Je veux dire, vous avez acheté un chien de race pure pour une raison, n'est-ce pas ? Et par adapté, j'entends un chien qui a été contrôlé sur le plan sanitaire ; certifié exempt de myélopathie dégénérative (DM) et de dysplasie, par exemple. Le partenaire doit également avoir un tempérament social qui se prête à des chiots bien équilibrés. Après ces considérations, vous devrez établir une liste de contrôle et vous y tenir strictement. Une liste de contrôle devrait inclure les éléments ci-dessous.

Liste de contrôle pour la reproduction

- Avez-vous le temps de vous consacrer à votre projet d'élevage ? Vous savez que cela prendra toujours plus de temps que prévu.

- Assurez-vous d'être préparé aux implications financières de la mise au monde de chiots. La taille moyenne d'une portée de Bergers Allemands est de huit.

- Ces chiots nécessiteront toutes sortes de soins et de temps de socialisation.

- Tout comme vous avez été examiné avant d'acheter votre chien, vous devez sélectionner vos acheteurs potentiels.

- Les chiots trouveront leur chemin dans votre cœur, mais ils doivent rejoindre leurs foyers définitifs. Préparez-vous au coût émotionnel que cela représentera.

- Tous les éleveurs responsables reprendront les chiens que les propriétaires ne peuvent plus garder. Êtes-vous prêt à le faire ?

- Aucune femelle de moins de deux ans ne doit être mise à la reproduction. Aucun mâle (étalon) de moins de dix-huit mois.

Cette liste n'est en aucun cas exhaustive, mais j'espère qu'elle vous donne une idée de ce qu'il faut pour élever de manière responsable ne serait-ce qu'une seule portée de chiots. Dans le prochain chapitre, nous verrons pourquoi certaines personnes considèrent les Bergers Allemands comme les mauvais garçons du quartier. Je vous donnerai également quelques réflexions sur ce que vous, en tant que nouveau propriétaire de Berger Allemand, pouvez faire concernant ce que j'appelle le stigmate du Berger.

CHAPITRE 3
La stigmatisation du Berger Allemand

Crédit photo :
Jenny Bowden

Permettez-moi de commencer ce chapitre par une anecdote. Il y a plusieurs années, mon Berger Allemand Cody, alors âgé de huit mois, et moi-même étions inscrits à un cours d'éducation canine pour jeunes chiens. Une fois par semaine, nous montions dans la camionnette pour nous rendre dans la petite ville la plus proche où se déroulaient les cours. Cody, heureusement, avait dépassé sa phase de mal des transports à ce moment-là. Quoi qu'il en soit, il y avait une dynamique présente dans ce cours que j'ai mis quelques semaines à pleinement comprendre.

D'abord, un peu de contexte. Ma femme, Cody et moi vivons dans une propriété à la campagne d'environ deux hectares et demi, sans aucun chien dans le voisinage avec lequel Cody pourrait socialiser. Nous avons donc toujours pris soin de l'emmener dans différents endroits pour rencontrer des personnes et d'autres chiens. Une chose que Cody n'a jamais surmontée : lorsqu'il entre dans un nouvel endroit ou quelque part où il n'est pas allé depuis un moment, il pousse toujours un ou deux aboiements sonores. Que ce soit au cabinet vétérinaire ou à l'animalerie, peu importe. Un grand aboiement, puis il se calme. Plus ou moins.

Revenons donc au cours d'éducation canine. Après la première ou la deuxième séance, et les aboiements qui les accompagnaient, on m'a suggéré d'amener Cody juste au début du cours, mais pas plus tôt, afin de ne pas trop perturber les autres chiens. Les camarades de classe de Cody étaient un mélange de chihuahuas, de golden retrievers et de caniches. Il était le plus grand et le plus bruyant. Il se calmait toujours au fur et à mesure que le cours avançait, car il avait du travail à faire.

Après le deuxième cours, j'ai remarqué que tous les autres chiens et leurs maîtres s'alignaient de l'autre côté de la salle, aussi loin que possible de Cody. Les leçons se sont poursuivies ainsi pendant les huit semaines requises. Lorsque je me suis renseigné sur le prochain cours avancé, on m'a poliment informé que les autres propriétaires avaient peur de mon chien et qu'ils préféreraient donc que je ne vienne plus aux cours. J'ai appris plus tard par un ami qui aidait à organiser certains cours que, parce que Cody était un « grand Berger Allemand bruyant et agressif », il n'était pas le bienvenu. Ce fut donc ma première expérience de ce que j'appelle la « stigmatisation du Berger Allemand ». D'où vient ce stéréotype et pourquoi persiste-t-il encore aujourd'hui ? Voici ce que j'en pense.

Certaines personnes ont simplement peur des chiens, surtout des grands chiens. Pas de doute là-dessus. Le dictionnaire définit la cynophobie comme une « peur morbide des chiens ». Certains psychologues ont émis l'hypothèse que jusqu'à 10 % de la population souffre de cette phobie. Mais je pense que la « stigmatisation du Berger Allemand » va plus loin que cela. Par exemple, pour une grande partie de la population plus âgée, les Bergers Allemands sont des « chiens de police », avec la réputation intimidante qui accompagne cette image.

Bien sûr, chaque chien a son image. Les grands chiens, je veux dire. Les Dobermans ont été dépeints comme des brutes agressives et grognantes. Les Rottweilers ont été décrits comme des voyous féroces. Plus récemment, les American Staffordshire Terriers ont été présentés comme des brutes mordantes. Les Bergers Allemands sont différents cependant. À travers cette vague de grands chiens méchants que la société semble continuellement nous imposer s'entremêle l'image constante du Berger Allemand grognant et mordant.

Repensez à tous ces films sur la Seconde Guerre mondiale que vous avez pu voir. Camps de concentration, camps de prisonniers de guerre avec des soldats armés patrouillant le périmètre. Avec des chiens. Quels types de chiens ? Eh bien, de grands et méchants Bergers Allemands, bien sûr. Avançons rapidement jusqu'à l'Europe de l'Est de l'époque de la Guerre froide, et qui patrouille les frontières pour protéger le communisme de la démocratie ? Encore des Bergers Allemands. Les Bergers Allemands ont une réputation imposante en tant que chiens de garde et de sécurité, et comme excellents partenaires cynophiles avec l'armée et les forces de l'ordre. Cette image joue contre la race à bien des égards. On ne peut pas être à la fois un dur à cuire et un animal de compagnie aimant, n'est-ce pas ? Faux !

Il se trouve que les Bergers Allemands peuvent être à la fois des durs à cuire et de grandes peluches. Je le sais. Je suppose que vous le sa-

Crédit photo
Jamie Nicholson

vez aussi si vous souhaitez accueillir un Berger Allemand chez vous pour vivre avec vous et votre famille. Donc, bien que nous sachions qu'il n'y a pas de mauvais chiens, seulement des propriétaires irresponsables, et qu'on ne peut pas mettre toute une race dans le même panier, cela arrive. Les préjugés, qu'on les appelle « syndrome du chien noir » ou autrement, se manifestent malheureusement dans notre société et ont influencé de nombreuses législations à travers le monde.

En France, cela s'est traduit par la législation relative aux chiens dits « dangereux », instaurée par la loi du 6 janvier 1999 et renforcée en 2008. Cette réglementation classe certains chiens en deux catégories :

Catégorie 1 : chiens d'attaque

- Chiens issus de croisements non inscrits au LOF (Livre des Origines Français)
- Types: Pitbull, Mastiff (Boerbull), Tosa
- Depuis 1999, toute acquisition, vente, don, importation ou introduction de ces chiens est interdite en France

Catégorie 2 : chiens de garde et de défense

- Chiens inscrits au LOF: American Staffordshire terrier, Rottweiler, Tosa
- Chiens de type Rottweiler non-inscrits au LOF

Les chiens concernés sont soumis à des règles strictes qui incluent :

- **Port obligatoire de la muselière et de la laisse** dans les lieux publics
- **Interdiction d'accès** à certains espaces (transports en commun, parcs publics, locaux ouverts au public)
- **Stérilisation obligatoire** pour les chiens de catégorie 1
- **Permis de détention obligatoire** délivré par la mairie après :
    - o Une évaluation comportementale du chien par un vétérinaire agréé (entre 8 et 12 mois)

- o Une formation de 7 heures pour le propriétaire sur l'éducation canine et la prévention d'accidents
- **Assurance responsabilité civile spécifique** (obligation légale, sous peine d'amende de 450€)
- **Identification obligatoire** par puce électronique ou tatouage
- **Vaccination antirabique** obligatoire avec certificat vétérinaire en cours de validité
- **Déclaration obligatoire en mairie** avec un dossier comprenant des photos du chien et de son propriétaire
- **Affichage possible d'un panneau** de mise en garde au domicile (à la discrétion du maire)

Il est important de noter que **le Berger Allemand ne fait pas partie des races concernées par cette législation**. Cependant, il souffre parfois d'une mauvaise image en raison de sa taille imposante, de son allure impressionnante ou de son utilisation par les forces de l'ordre et de sécurité. Cette perception illustre combien les préjugés peuvent influencer la façon dont nous percevons un chien, indépendamment de son comportement réel ou de ses qualités individuelles.

Crédit photo :
Mya Milbury

Les sanctions pour non-respect de cette réglementation sont sévères : jusqu'à 6 mois d'emprisonnement, 15 000€ d'amende pour certaines infractions, confiscation possible de l'animal, et interdiction de détenir un chien catégorisé pendant plusieurs années.

De plus, de nombreuses compagnies d'assurance refusent d'accorder une assurance habitation si le propriétaire possède l'une des races « à haut risque » figurant sur la liste des races interdites. Les Bergers Allemands apparaissent sur la liste de presque toutes les compagnies. De même,

Crédit photo :
Anita Conklin

les propriétaires peuvent refuser des locataires potentiels parce qu'ils ont un chien noir et feu.

À ce stade, je pense que vous avez compris. Vous venez de découvrir qu'être propriétaire d'un Berger Allemand représente un défi d'un tout autre niveau. Vous pensiez n'avoir à faire qu'à un chien obstiné et têtu qui, s'il n'est pas correctement éduqué, est assez grand pour vous traîner dans tout le quartier sans même transpirer. Cependant, il y a des choses que vous pouvez faire concernant la « stigmatisation du Berger Allemand ». Des choses qui combattront le stéréotype et amélioreront la vie des propriétaires et des chiens eux-mêmes. Reprenez votre souffle, puis continuez la lecture.

Endiguer la stigmatisation

Permettez-moi de poser une question délicate. Si je vous demandais de nommer les trois races de chiens les plus agressives, que diriez-vous ? Nous savons que certains chiens ont été élevés pour être plus agressifs. Oui, les Bergers Allemands peuvent avoir un fort tempérament, c'est dans leur ADN, mais revenons à la question. Voici les trois races les plus agressives, selon une étude menée par des chercheurs de l'Université de Pennsylvanie :

1. Teckel

2. Chihuahua

3. Jack Russell

Quel est mon propos ? Eh bien, en tant que propriétaires de chiens, nous devons continuellement nous éduquer, afin que si vous vous retrouvez dans une discussion avec quelqu'un qui n'est pas aussi épris de votre Berger Allemand que vous, vous puissiez l'aider à comprendre la différence entre mythe et réalité. Chaque race a des caractéristiques uniques qui sont plus ou moins communes, mais tous les chiens sont des individus et ont leur propre personnalité. Vous pouvez aider les gens à comprendre cela. C'est la première partie pour aider à combattre la stigmatisation sociale qui existe à propos des Bergers Allemands et d'autres races puissantes. Voici la deuxième partie. Vous devez être le propriétaire de chien le plus responsable qui soit. Si vous l'êtes, votre chien sera le plus obéissant, le mieux socialisé et le plus respecté du quartier.

- Éduquez votre chien tôt et souvent. Le comportement naturel d'un Berger Allemand est de se tourner vers vous pour obtenir des conseils. Pendant votre éducation, vous pouvez renforcer la nature du chien à toujours vous observer et à apprendre vos signaux. S'ils vous regardent, de préférence en observant vos yeux, cela signifie qu'ils ne sont pas distraits et qu'ils sont susceptibles de suivre vos ordres. Les Bergers Allemands veulent faire plaisir et il n'y a personne dont ils veulent plus d'éloges que vous.

- Soyez généreux dans vos éloges, mais lorsque votre Berger Allemand dépasse les limites, assurez-vous de le corriger à chaque fois. Ne donnez à personne une excuse pour pointer votre chien du doigt et dire : « Tu vois, je te l'avais bien dit. » Veillez particulièrement à mettre fin aux mordillements et aux pincements dès le début.

- Rappelez-vous que la discipline et les limites viennent d'abord, puis l'amour et l'affection ensuite.

- Lorsque vous sortez avec votre Berger Allemand, n'ayez pas peur de montrer à quel point il est bien éduqué, surtout dans les parcs à chiens. Si les gens voient votre chien sous contrôle, cela contribue grandement à dissiper la stigmatisation du Berger Allemand.

- Si des personnes vous approchent et veulent caresser votre Berger Allemand et parler de la race, assurez-vous d'être à l'aise avec cela. Les Bergers peuvent être distants et peu intéressés par les humains autres que leur propre meute, alors assurez-vous de bien connaître votre chien avant de permettre à des étrangers de le toucher.

- Bien que les chiens puissent être fiables, vous ne pouvez jamais leur faire confiance à 100 %. En ce qui concerne les enfants, surtout ceux des autres, ne les laissez jamais sans surveillance avec votre Berger Allemand. Ne supposez jamais que votre chien se comportera d'une certaine manière. Même s'ils ont fait quelque chose cent fois auparavant, il y a toujours ce petit risque.

- Si vous avez l'opportunité ou le désir de faire de votre Berger Allemand un ambassadeur de sa race, pensez à éduquer votre chien pour un certain type de service. Les Bergers Allemands font d'excellents chiens de travail. Imaginez les relations publiques positives chaque fois qu'un Berger Allemand entre dans une maison de retraite en tant que chien de thérapie. .

En tant que propriétaire d'un Berger Allemand, vous devrez toujours travailler un peu plus dur que les autres. Si nous faisons tous un petit effort pour contrer ce stéréotype du « grand méchant Berger Allemand », peut-être qu'un jour la stigmatisation sera reléguée au passé. En fait, laissons maintenant toute cette discussion sur la stigmatisation derrière nous et regardons vers l'avenir. Vous avez pris votre décision. Vous allez accueillir un chiot Berger Allemand. Vous savez à peu près à quoi vous attendre. Maintenant, parlons de ce que vous devez faire pour vous préparer à accueillir votre toutou curieux chez vous. En toute sécurité.

CHAPITRE 4
Se préparer à l'arrivée

Si vous avez des enfants, vous connaissez déjà une partie de ce qu'il faut faire pour préparer votre maison et votre foyer à l'arrivée d'un nouveau membre de la famille. Mais un chiot Berger Allemand, c'est un peu différent. Même à huit semaines, qui est l'âge minimum auquel vous devriez ramener votre Berger Allemand à la maison, c'est l'odorat qui domine.

- Le nez d'un chien peut contenir jusqu'à 300 millions de récepteurs olfactifs.

- Le nez humain n'en possède que 5 millions.

C'est pourquoi ils passent tant de temps à suivre des pistes. C'est aussi comme cela qu'ils s'attirent des ennuis, surtout quand ils sont chiots. Examinons quelques façons de commencer à protéger votre chiot Berger Allemand avant même de l'accueillir chez vous.

Crédit photo :
Celeste Schmidt
Dakonic GSDs

Préparer l'espace du chiot

L'une des premières choses à faire est de choisir une pièce de la maison qui servira d'espace de vie principal pour votre Berger Allemand pendant les premiers temps. Vous devrez sélectionner une pièce avec un revêtement de sol facile à nettoyer. Il y aura beaucoup « d'accidents » à gérer, alors soyez prêt. Chez nous, l'espace initial de Cody était l'entrée, qui a un vieux sol en lino. L'un des meilleurs choix que nous ayons jamais faits. Nous avons également installé une barrière de sécurité qui nous permettait de confiner le chiot dans cette pièce. N'oubliez pas que ces petites griffes vont rayer presque tous les types de revêtements, alors ne choisissez pas une pièce avec votre précieux parquet ; si le bois n'était pas abîmé avant, il le sera certainement après que le petit y aura séjourné un moment.

Vous voudrez également vous assurer d'avoir quelques chaises confortables dans cette pièce car vous y passerez beaucoup de temps. Il devrait y avoir une porte donnant directement sur l'extérieur. Cela facilitera les choses lorsque vous commencerez sérieusement l'apprentissage de la propreté. Les Bergers Allemands sont de grands mâcheurs et les chiots mettent tous types d'objets dans leur gueule. Alors, débarrassez la pièce de tout objet auquel vous tenez. Enlevez toutes les chaussures, gants, chapeaux, tout ce qui pourrait éventuellement se retrouver dans la gueule de votre chiot. Rappelez-vous qu'ils grandissent, et rapidement, donc les choses que vous pensiez hors de portée à dix semaines ne le seront bientôt plus. Vous ne voudrez pas non plus avoir de tapis sur le sol, pour des raisons évidentes.

Idéalement, cette même pièce sera suffisamment grande pour y jouer également. Les prises électriques et les câbles électriques représentent un autre danger potentiel. Retirez les câbles de l'espace du chiot et assurez-vous que les prises électriques sont couvertes soit avec des cache-prises, soit avec des obturateurs. Vous devrez tenir compte des risques électriques dans le reste de votre maison à mesure que vous étendrez le territoire du chien.

La cage

Je suis partisan de l'éducation en cage dès le début, même si vous n'avez pas l'intention de l'utiliser régulièrement lorsque votre Berger Allemand sera plus âgé. Il devrait donc y avoir une cage installée dans l'espace du chiot. Vous aurez besoin d'un lit dans la cage pour que le petit chien s'habitue à y entrer et sortir de lui-même dans une certaine mesure. Vous voulez que l'entrée dans la cage soit un plaisir, pas une punition. La cage devrait également être l'endroit où certains de ses jouets devraient être initialement placés, bien qu'ils n'y resteront certainement pas longtemps.

Crédit photo : Nanc Schutte

Il est important d'avoir des gamelles pour la nourriture et l'eau dans l'espace du chiot. Quand Cody avait cet âge, j'ai commencé par mettre les gamelles de nourriture et d'eau dans la cage juste pour l'inciter à y entrer et à associer la cage à une activité positive. Je retirais les gamelles après le repas, bien que je laissais un bol d'eau dans la pièce pour qu'il puisse boire quand il le souhaitait. Bien sûr, quand Cody a été un peu plus âgé, cela lui a aussi donné un objet à renverser et à répandre sur le sol, mais cela fait partie du territoire du chiot. Rappelez-vous ce que j'ai dit à propos du sol. Il ressemblera à une zone de guerre pendant un certain temps.

Quelques dernières réflexions sur la cage. Nous avons acheté une cage « grande » avec un séparateur pour pouvoir la réduire de moitié quand le chiot était petit et l'agrandir au fur et à mesure que le chien grandissait. Eh bien, la cage « grande » n'était pas assez grande, alors épargnez-vous des dépenses futures et optez directement pour la très grande dès le début. Un chien adulte doit pouvoir se tenir debout dans sa cage et se retourner confortablement. Bien que j'aie une cage à parois souples pour voyager, je ne les recommande pas pour une utilisation régulière. J'ai toujours utilisé une cage métallique à la maison qui nous a bien servi.

Une erreur que j'ai commise

Lorsque nous avons ramené notre chiot Berger Allemand à la maison, nous l'avons mis dans sa cage cette première nuit dans l'espace du chiot. Je ne m'en rendais pas compte à l'époque, mais c'est là que j'ai fait une énorme erreur. Je pensais avoir tout prévu. J'allais me lever toutes les deux heures et le sortir pour faire ses besoins. Il y a eu beaucoup de gémissements et de pleurs. Je veux dire une quantité impressionnante, mais je savais que c'était à prévoir. Cela a duré de nombreuses nuits. Plus que nécessaire. Ce n'est qu'après coup que j'ai découvert, grâce aux éducateurs avec lesquels j'ai travaillé et à mes propres lectures, que l'approche que j'avais utilisée était probablement la pire chose que j'aurais pu faire. Rappelez-vous, votre chiot vient d'être séparé de sa famille. Il est dans un environnement étrange avec des gens qu'il ne connaît pas. Ce n'est pas une bonne idée de le mettre à l'isolement et de le laisser hurler. Oui, vous pourriez peut-être fermer l'œil, mais votre chien en paiera le prix plus tard.

Voici ce que vous devez envisager : Installez une deuxième cage beaucoup plus petite (taille chiot) soit dans votre chambre, soit juste devant la porte de la chambre, afin que votre nouveau Berger Allemand sache que vous êtes proche. Il pourra vous sentir. Il y aura encore du vacarme nocturne, mais cela s'atténuera progressivement et vous pourrez finalement transférer le chiot dans son espace pour les nuits. Avoir le chien à proximité aide également à comprendre quand il pourrait avoir besoin de sortir pour se soulager. Croyez-moi, c'est une situation gagnant-gagnant. Si un nouveau chiot est laissé seul, surtout la nuit, et surtout quand il vient d'arriver, il éprouvera une anxiété si intense qu'elle pourrait entraîner des comportements problématiques plus tard. Alors, préparez-vous à dormir un peu moins mais à avoir un chien en meilleure santé à la fin. Cela en vaut vraiment la peine.

Dangers domestiques

La cuisine et peut-être la buanderie peuvent être deux des zones les plus dangereuses pour votre Berger Allemand. Tous ces placards inférieurs qui peuvent contenir des produits de nettoyage, de la lessive ou même des poisons anti-nuisibles doivent être sécurisés avec des loquets à l'épreuve des enfants. Déplacez tout ce qui ressemble à des épices, des bonbons et des ingrédients de pâtisserie à un niveau supérieur pour que la tentation ne soit pas là pour le chiot. Ils suivront leur nez et quand ils sont si jeunes ce qu'ils trouvent par l'odeur finit potentiellement par entrer dans leur gueule. Les ordures. Ai-je mentionné les ordures ? Il y a encore cette histoire d'odeur. Prenez l'habitude de vous assurer que vos déchets sont bien emballés et stockés dans un endroit sécurisé. Les mettre simplement dehors n'est pas la solution.

Crédit photo :
Tricia Ansell

Vous devrez parcourir le reste de la maison et être vigilant. Dans les salles de bains, vous devrez vous assurer qu'il n'y a pas d'accès à des choses comme les médicaments, les savons, le maquillage et les produits d'hygiène personnelle. Dans le salon, la salle familiale et les autres espaces communs, assurez-vous qu'il n'y a pas de cordons de chargeur de téléphone portable (ou les téléphones eux-mêmes) disponibles à être mâchouillés. Ces petites lampes de poche à brancher doivent être retirées des prises électriques. Les stylos, marqueurs, ciseaux et autres objets pointus présentent également des risques d'ingestion. Les objets cassables comme les vases et les œuvres d'art doivent être mis bien à l'écart. Les chiens peuvent sauter et ne font pas toujours attention à l'endroit où ils balancent leur queue. Les plantes d'intérieur sont facilement renversées et, dans certains cas, consommées. De nombreuses plantes courantes sont toxiques pour les chiens. Voici une courte liste de plantes d'intérieur courantes qu'il vaut mieux éviter :

1. Aloe vera
2. Jade
3. Cyclamen
4. Dracaena
5. De nombreuses variétés de lys
6. Ficus benjamina
7. Gardénia
8. Géranium
9. Schefflera
10. Laurier-rose

Rappelez-vous que ce n'est qu'une liste exhaustive. À mesure que votre chiot Berger Allemand grandit et qu'il montre moins d'intérêt pour la botanique, il sera peut-être possible de ramener certaines de vos plantes préférées. Certains chiens sont dissuadés par un spray d'eau et de jus de citron dilué sur la plante. Chez nous, nous avons trouvé qu'il était simplement plus facile de dire adieu à la verdure pendant cette période.

Sécurisation de la propriété pour le chiot

« Assurez-vous que votre jardin est sécurisé avec une clôture de 2,40 m avec des verrous sur toutes les portes. Il ne leur faudra que quelques jours pour comprendre comment sortir du jardin. Une fois qu'ils l'auront fait, cela deviendra une habitude quotidienne. »

Joyce Colburn
Hawaii German Shepherds

Tout comme vous avez dû modifier vos aménagements intérieurs, vous devez faire le point sur votre propriété et sécuriser votre extérieur pour le chiot. Avez-vous un jardin clôturé avec un portail sécurisé ? Parfait, vous avez une longueur d'avance. Vérifiez simplement que la clôture est bien fixée et repérez également les zones où votre toutou pourrait s'échapper. Une fois qu'ils grandissent un peu, ils peuvent devenir des creuseurs invétérés, alors autant vous habituer à dissuader et à vous prémunir contre cette mauvaise habitude. En même temps, vous voudrez peut-être vous demander si votre clôture est assez haute. Une clôture de 1,80 m est recommandée car même le chien le mieux éduqué peut être tenté de quitter le jardin.

Vous devrez ranger les objets que vous avez peut-être pris l'habitude de laisser traîner. Cela inclut tous vos outils de jardinage, y compris les gants. Je ne sais pas combien de temps j'ai perdu à poursuivre Cody à travers le jardin, le chien arborant un grand sourire avec un gant fermement serré dans sa gueule et le sens du mot « lâche » ayant complètement disparu de sa tête. Encore une fois, tous les produits chimiques comme les insecticides, l'huile de dormance et les engrais doivent être mis en sécurité. Dans le meilleur des cas, le chiot pourrait ne pas consommer ces produits, mais il peut certainement mettre en désordre la propriété et se salir. Les coussins de chaises de jardin ne dureront pas longtemps s'ils sont laissés à l'abandon. Si vous avez une piscine, vous devrez vous assurer que le chiot n'y a pas accès. Nous avons une clôture autour de notre piscine et Cody n'a eu la liberté de se promener dans la zone de la piscine que récemment, à l'âge avancé de quatre ans.

Une préoccupation très pratique est de choisir l'endroit où votre chien fera ses besoins. L'éduquer à faire ses besoins dans une zone spécifique facilitera grandement le nettoyage et évitera bien des surprises.

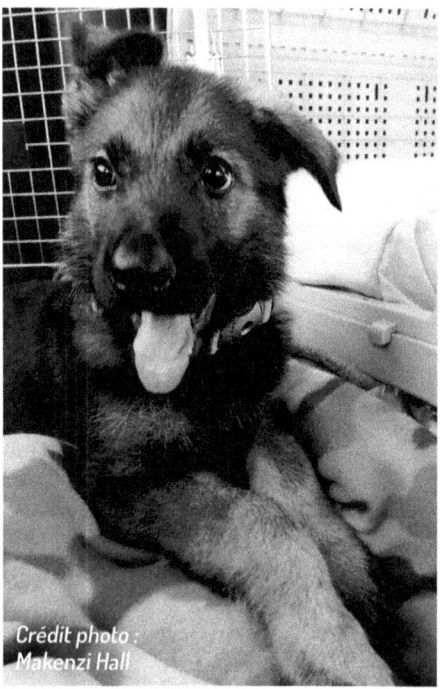

Crédit photo :
Makenzi Hall

Une préoccupation croissante est la prévalence des tiques porteuses de la maladie de Lyme. Si vous avez une grande propriété ou une propriété rurale, il est logique de tondre régulièrement autant d'herbe que possible. Les tiques aiment se cacher dans les herbes hautes, attendant de s'accrocher à tout ce qui passe. Ces insectes sournois étaient autrefois principalement un problème rural, mais on les trouve maintenant de plus en plus souvent dans les zones urbaines. C'est une raison de plus pour garder un jardin bien entretenu.

Il y a aussi certaines plantes d'extérieur qui posent problème aux Bergers Allemands. La liste suivante contient des végétaux toxiques pour les chiens. Par exemple, une seule graine de ricin suffit à être fatale à un Berger Allemand.

1. Azalée
2. Jonquille
3. Tulipe
4. Ricin
5. Digitale
6. Muguet
7. Hosta
8. Ipomée
9. De nombreux lierres
10. Clématite

Une autre plante toxique pour les chiens est le cannabis. En France, sa culture, sa détention et sa consommation, qu'il s'agisse de cannabis récréatif ou médical, sont interdites par la loi, sauf dans le cadre strict d'essais thérapeutiques encadrés par les autorités sanitaires.

Cependant, certains propriétaires d'animaux peuvent en posséder illégalement ou se procurer des produits contenant du cannabis (notamment sous forme comestible) sans mesurer les risques pour leur chien. Que la plante pousse discrètement dans un jardin ou que le produit soit rangé dans un tiroir, cela représente un véritable danger pour votre Berger Allemand. N'oubliez pas qu'avec son flair exceptionnel, il repérera facilement toute substance odorante, même bien dissimulée.

Si vous avez ce type de produit chez vous, quelle qu'en soit la forme, veillez à le conserver dans un endroit sécurisé, totalement hors de portée de votre chien. Et si vous avez la main verte, pourquoi ne pas choisir plutôt de planter des roses ou des plantes sans danger pour les animaux ? Votre Berger Allemand vous en saura gré et vous resterez dans la légalité.

Préparer les enfants et les autres animaux

L'une des meilleures choses que vous puissiez faire avant d'amener votre chiot à la maison est de parler de la nouvelle routine que tout le monde devra adopter. Comme les tâches liées au chien : Qui va la nourrir ? Comment va-t-il faire de l'exercice ? Qu'en est-il des bains ? Et n'oubliez pas la corvée des crottes. Ce ne sont pas que des tâches glamours, mais tout le monde doit participer. Je veux dire, tout le monde voulait un chiot, n'est-ce pas ? L'important est de souligner que ce n'est pas quelque chose que l'on fait pendant un jour et que l'on arrête si on n'aime pas. C'est la maison pour toujours du chien. Cela signifie que vous devez en prendre soin aussi longtemps qu'il vit. Rappeler à tous les membres du foyer que votre chiot Berger Allemand compte sur eux et qu'ils sont tous responsables de sa sécurité est important.

Si vous avez déjà un autre chien à la maison, rappelez-vous qu'il a ses routines et ses attentes, il est donc important de les maintenir lorsque le nouveau chiot arrive à la maison. Vous devez vous assurer de maintenir le niveau d'attention humaine pour le premier chien et vous assurer qu'il continue d'avoir son propre espace et ses affaires. Lorsque le chiot arrive à la maison, assurez-vous qu'ils se rencontrent dans un territoire neutre, à l'extérieur si le temps le permet. Le mot d'ordre ici serait progressivité. Un peu d'exposition à la fois pendant que les deux chiens s'adaptent. Ne tolérez aucun mauvais comportement, mais laissez le chien plus âgé prendre les devants et fixer le rythme.

S'il y a un chat résident dans votre maison, vous devez élaborer un plan d'introduction spécial pour votre Berger Allemand et le félin intrépide. Les mots clés dans ce scénario seraient patience et encore patience. Au moins au début, ne les laissez pas se rencontrer. Laissez simplement les animaux s'habituer à l'odeur de l'autre. La première rencontre face à face devrait avoir lieu dans une zone où le chiot est en laisse et où le chat, bien que libre de se déplacer dans la pièce, ne peut pas quitter complètement la zone. Des variantes de ce processus peuvent être répétées jusqu'à ce que vous voyiez comment la relation se développe. Ils peuvent apprendre à se tolérer, ils peuvent devenir amis. Cela dépendra entièrement d'eux. Vous devez simplement leur donner une chance équitable de régler les choses.

Alors que ce chapitre touche à sa fin, j'ai presque oublié une chose très importante. Vous devez choisir le meilleur nom du monde pour votre chien. J'ai un faible pour Axel et Jaeger si c'est un mâle. Heidi ou Zelda si c'est une femelle. C'est juste une suggestion.

Ensuite, nous parlerons du grand pas. Le jour où vous ramenez votre chiot Berger Allemand à la maison sera un moment d'émotions fortes, de cibles mouvantes et de peu de sommeil. Pour survivre aux premiers jours en gardant votre santé mentale intacte vous devez être préparé et créer des routines que tout le monde peut anticiper et auxquelles chacun peut participer. Ai-je mentionné que vous ne dormirez pas beaucoup ?

CHAPITRE 5
Le retour à la maison

L e jour où nous sommes allés chercher notre Berger Allemand, Cody, j'avais la gorge nouée toute la journée. Nous avions fait nos préparatifs dans toute la maison et j'avais lu plusieurs livres sur l'éducation des chiots, mais les émotions étaient à leur comble. J'imagine donc que ce sera probablement aussi votre cas. Surtout si des enfants sont impliqués. La chose à ne pas perdre de vue est le plan que vous avez établi et dont vous avez discuté avec tous les membres de la famille. Dans l'excitation de l'arrivée de votre nouveau Berger Allemand, tout le monde pourrait être enclin à improviser pendant les premiers jours. Vous devrez être prêt à improviser un peu lors de l'établissement des habitudes de vie et de la façon dont votre nouveau chiot va s'intégrer, mais si vous oubliez tout le reste durant ces premiers jours, souvenez-vous de ceci :

Crédit photo :
Brent Ferguson

vous commencez à établir des schémas comportementaux qui dureront toute la vie de votre chiot. Assurez-vous de bien commencer.

Avant de quitter l'éleveur, assurez-vous d'avoir plusieurs choses en main et plusieurs informations en tête.

- L'éleveur doit vous fournir les documents relatifs à votre chiot. Cela devrait inclure l'inscription montrant qui est la mère (lice) et le père (étalon). De plus, votre chiot a peut-être reçu un nom « officiel » pour les besoins de l'enregistrement. Vous n'êtes pas obligé d'utiliser ce nom pour votre chien dans sa vie quotidienne. L'éleveur peut également inclure le pedigree de votre chiot qui montre son arbre généalogique.

- L'éleveur devrait également fournir des documents indiquant quels vaccins le petit a reçus et quels traitements vermifuges ont été effectués. S'il n'y a pas de documents écrits, assurez-vous d'obtenir ces informations de l'éleveur et notez-les vous-même. Vous aurez besoin de ces informations lors de votre première visite chez le vétérinaire.

- Pour rappel, vous devriez avoir eu des discussions avec l'éleveur concernant les maladies génétiques associées aux Bergers allemands. Au minimum, vous devriez attendre de l'éleveur que les parents de votre chiot sont indemnes de dysplasie et de myélopathie dégénérative. S'il existe des documents confirmant cela, assurez-vous d'en avoir une copie.

- Votre éleveur devrait vous fournir un échantillon de la nourriture que votre Berger Allemand a mangée afin qu'il n'y ait pas de changement alimentaire brutal lorsque vous le ramènerez à la maison. Vous pourrez consulter votre vétérinaire ultérieurement pour le choix d'aliments appropriés.

- Une autre chose qui réconfortera votre chiot est un petit jouet qui porte l'odeur de sa mère et de ses frères et sœurs. De même, une serviette ou une petite couverture avec l'odeur de sa mère est une bonne chose à avoir avec vous, non seulement pour le trajet de retour, mais aussi pour les premières semaines, voire plus longtemps. J'ai toujours l'os en peluche orange que Cody a rapporté à la maison ce premier jour. Il a cinq ans maintenant et il le sort encore de temps en temps pour le renifler. Des souvenirs de la maison, je suppose.

Crédit photo :
Laura Hernandez

En route vers la maison

Il est temps de prendre la route. Assurez-vous que votre chiot ait eu la possibilité de se soulager avant de monter dans la voiture. Laissez-le marcher un peu et faire ses besoins autant que possible. Si vous avez un long trajet devant vous, prévoyez d'autres arrêts en cours de route. Voici une information cruciale à retenir : jusqu'à ce que les chiots aient reçu leurs vaccinations finales, ils sont sensibles à diverses maladies. Nous en reparlerons plus tard, mais lorsque vous vous arrêtez avec votre chiot sur le chemin du retour, faites-le dans des zones moins fréquentées et certainement là où il est peu probable que d'autres chiens se soient soulagés. Espérons que vous avez des membres de votre famille avec vous pour que l'un d'entre eux puisse tenir le chiot sur ses genoux pendant le trajet. Vous voulez rendre le voyage en voiture aussi peu traumatisant que possible pour votre Berger Allemand. N'oubliez pas qu'il y aura beaucoup de trajets en voiture à l'avenir et vous voulez que « faire un tour en voiture » soit amusant, pas une punition.

La première nuit

« Attendez-vous à beaucoup de gémissements et à une tendance à reculer face à des situations nouvelles et intimidantes jusqu'à ce que le chiot se sente à l'aise. Plus ils découvrent de choses au cours des 14 premières semaines, meilleur chien ils deviennent. »

November Holley
Harrison K-9

Ça y est, vous êtes à la maison. Il n'y a pas eu trop de pleurs et de gémissements en chemin, n'est-ce pas ? C'est maintenant le premier jour du reste de votre vie. Pour votre chiot Berger allemand, c'est un tout nouveau départ, et il ne reconnaît rien de son environnement. Imaginez, une minute vous êtes avec la meute et maman, la minute suivante vous êtes avec un groupe d'humains étranges. Assez brutal, n'est-ce pas ? Alors, vous devez accorder un peu de répit à votre chiot Berger allemand. Et faites preuve de patience. Vous aurez besoin d'en avoir en abondance.

Vous savez que vous avez préparé la chambre du chiot, mais vous aurez probablement besoin de faire une socialisation initiale à l'arrivée. Surtout si des enfants sont impliqués, ils voudront avoir un contact direct. Ne laissez simplement personne s'exciter trop et surtout ne laissez pas le chiot trop s'agiter. Ayez une laisse à portée de main au cas où vous auriez besoin de calmer un peu le petit tigre. Il va certainement mâchouiller et mordiller, alors gardez quelques-uns de ses jouets à portée de main. Quand il commence à mordiller, distrayez-le et détournez son attention vers un jouet. Se souvenir de distraire et de détourner l'attention est une approche qui dure toute la vie et qui peut être salvatrice. J'ai encore tous mes doigts et je peux en témoigner.

Tout le monde assis par terre et laissant le chiot se promener avec chacun le touchant et lui parlant est probablement une bonne idée. C'est un moment de rapprochement. Pas seulement pour votre Berger allemand, mais c'est le début d'un attachement émotionnel pour tous les membres de la famille. Croyez-le ou non, même lorsque votre chien sera adulte, vous le regarderez encore de temps en temps et verrez le petit chiot qu'il était. C'est le début de l'amour pour votre chien. Personne n'a besoin de l'enseigner, il suffit de laisser chacun le faire. À sa manière.

L'heure du coucher

Les chiots ont de nombreux instincts naturels. L'un d'eux est de hurler et de gémir pour attirer l'attention. Donc, quand vient l'heure du coucher cette première nuit et pour de nombreuses nuits après cela, attendez-vous à un vacarme habituel. Si vous vous reportez au chapitre

Crédit photo :
Tiffany Porter

précédent, vous vous souviendrez que j'ai suggéré de placer une petite cage dans votre chambre ou près de la chambre. Certains propriétaires de chiens avec qui j'ai parlé disent qu'ils mettent la cage près du lit et chaque fois que le chiot gémissait, ils mettaient leur main près du chien pour que leur odeur soit forte et que le chiot sache qu'il n'était pas seul. Ces premiers jours, il est important de montrer à votre Berger allemand que vous veillez sur lui et que vous vous souciez de lui. Cela aidera au processus progressif de création de liens et finira par créer un chien heureux et en bonne santé.

Fournitures pour animaux de compagnie

Il n'est pas nécessaire de sortir et d'acheter tout ce dont vous pensez que votre chien pourrait avoir besoin au cours de sa vie dès le départ. Mais il est important d'avoir quelques produits essentiels à portée de main lorsque vous ramenez votre chiot à la maison, ce qui va rendre la vie un peu plus simple. Assurez-vous d'avoir un stock de la nourriture que l'éleveur donnait à votre chiot. Cela vous donnera le temps, peut-être en consultation avec votre vétérinaire, de décider quel régime convient le mieux à votre chien. Vous devez vous renseigner sur les avantages et les inconvénients des différents régimes alimentaires et prendre des décisions.

Les gamelles de nourriture et d'eau doivent être suffisamment lourdes pour que votre chiot ne puisse pas les renverser tout de suite. Cette étape viendra avec le temps et vous devrez vous y préparer, mais des gamelles solides et substantielles qui résisteront à des heures d'abus feront partie du décor. Je ne nourris pas souvent Cody à l'extérieur, mais j'ai diverses gamelles autour de la propriété pour l'eau afin qu'il puisse faire une pause pour boire selon l'endroit où nous nous trouvons. Vous pourriez décider d'avoir un ensemble de gamelles extérieures pour votre chiot si vous passez beaucoup de temps dans le jardin, par exemple.

Nous avons parlé de cages, mais vous voudrez peut-être aussi acheter une ou deux barrières pour enfants qui vous donneront la possibilité de limiter votre chiot Berger allemand à certaines pièces. Celle que j'utilise est en métal avec des barreaux, une barrière avec passage, et peut être étendue pour s'adapter à n'importe quel cadre de porte. Elle a également un loquet de verrouillage qui ne permet pas aux museaux canins de l'ouvrir.

Votre Berger allemand aura besoin de plusieurs colliers. J'en garde un à séchage rapide sous la main que Cody porte quand il va à la plage. Nous en avons aussi des plus robustes qui peuvent être utilisés avec une

laisse. Sans parler des différents colliers festifs que vous pourriez acqué-rir ainsi que ceux qui portent les logos de votre équipe sportive préférée. Vous découvrirez bientôt qu'il existe d'innombrables façons de dépen-ser de l'argent pour votre chien, si ce n'est déjà fait. Les colliers doivent avoir des boucles pour pouvoir être redimensionnés à mesure que votre chiot grandit et également avoir des anneaux métalliques pour attacher les médailles de licence canine, les médailles de vaccination et une mé-daille d'identification. La médaille d'identification doit comporter le nom de votre chiot, votre nom et votre numéro de téléphone. Vous voudrez vous assurer que les colliers sont bien ajustés mais avec un peu de jeu pour que si, désolé pas si, mais quand votre Berger allemand se prend dans un buisson ou une branche, il se détache avec un peu d'effort.

Plusieurs laisses devraient également figurer dans votre inventaire. Il y a de nombreuses raisons de ne pas acheter de laisses extensibles ou rétractables, et certainement pas pour une grande race comme un Ber-ger allemand, alors je serai franc à ce sujet. Ne gaspillez pas votre argent pour cela. Vous devriez acheter des laisses en cuir ou en nylon de quatre ou six pieds de long (environ 1,20 m ou 1,80 m). Pas de laisses en chaîne. Trop dures pour les mains et peut-être dangereuses pour votre chien.

Et des jouets, beaucoup de jouets qui seront mâchés jusqu'à ce qu'ils ne puissent plus le supporter. Nous avons une infirmerie pour jouets chez nous où les jouets vont pour être réhabilités si possible. Beaucoup ne peuvent malheureusement pas être sauvés, donc le budget jouets est toujours en mouvement et toujours dans le rouge. Les jouets qui cachent des friandises sont également un excellent moyen pour votre chien de passer le temps. Mon chien, Cody, a ce que nous appelons son os au beurre de cacahuète. C'est un os en caoutchouc avec des trous aux deux extrémités où des touches de beurre de cacahuète peuvent être placées pour que vous puissiez écouter un chien lécher et claquer pendant une vingtaine de minutes environ.

Puis il y a les fournitures de toilettage. Si vous n'avez pas encore vu les blagues sur le « Berger allemand qui perd ses poils » et sur la quantité de poils que perdent les Bergers allemands, vous les verrez bientôt. Des brosses à poils durs sont nécessaires pour le double pelage de votre chien. Si vous apprenez à couper les ongles de votre chien, vous vous épargnerez beaucoup d'argent, alors il est préférable d'acquérir une simple paire de coupe-ongles pour chiens. Quelques autres articles sur votre liste d'achats :

- Beaucoup de sacs à crottes en plastique
- Ramasse-crottes
- Produits de nettoyage (assurez-vous que tout ce que vous utilisez est sans danger pour le chiot)

Visites vétérinaires

Vous devez établir une relation avec un vétérinaire fiable très tôt. Votre éleveur a peut-être même stipulé que le chiot doit voir un vétérinaire peu après son arrivée chez vous. Cela protège en fait l'éleveur et vous. Si le chiot n'est pas en bonne santé, vous le saurez tout de suite. Ensuite, vous et votre éleveur pourrez décider d'une ligne de conduite. Les éleveurs responsables reprendront les chiots en mauvaise santé et vous rembourseront, ou travailleront avec vous pour vous satisfaire. Plus le chiot reste longtemps avec vous, plus l'attachement émotionnel est fort. Quoi qu'il en soit, une visite précoce chez le vétérinaire devrait certainement être prévue.

Il existe différentes façons de décider quel vétérinaire vous convient le mieux. La proximité est certainement un facteur à considérer, mais la réputation du bouche à oreille est probablement l'un des meilleurs moyens de vous aider à décider. Une fois que vous avez une ou deux cliniques en tête, rendez visite et posez quelques questions. Pendant que vous y êtes, vérifiez la propreté des lieux. Je fais toujours attention à l'attitude du personnel. S'ils vous font sentir bienvenu et semblent vraiment se soucier de vous, cela compte beaucoup. Prenez le temps de discuter avec un client ou deux de leurs expériences et depuis combien de temps ils fréquentent cet endroit. Les cliniques très fréquentées peuvent être un signe de satisfaction des clients, alors ne vous laissez pas décourager par le volume de clients. Les heures d'ouverture sont un point important et s'ils offrent des services d'urgence, c'est un grand avantage. Il y aura au moins une ou deux visites « d'urgence » dans la vie de votre animal, donc si vous connaissez les personnes et pouvez vous y rendre rapidement, tout le monde se sentira mieux à ce sujet.

Prise en main

La première visite chez le vétérinaire sera une expérience d'apprentissage pour tous les concernés. Votre chiot aura un premier aperçu du monde extérieur et peut-être d'autres chiens (et chats) dans le cabinet du vétérinaire. Vous verrez comment vous devez gérer votre chiot Berger allemand en termes d'agressivité ou de timidité. Certains chiots se lancent simplement dans le monde et acceptent tout ce qui se présente à eux. D'autres chiens, moins extravertis, devront peut-être être encouragés.

L'un des conseils que j'ai appris très tôt était de ne pas encourager la peur ou l'inquiétude, surtout à mesure que les chiots grandissent. Si un chiot est préoccupé par quelque chose et montre à quel point il est inquiet, ce n'est pas une bonne idée de caresser le chien et d'essayer de le rassurer. Si vous le faites, vous envoyez involontairement des signaux à votre chien indiquant qu'il est acceptable d'être inquiet et même de mal réagir. Encore une fois, la meilleure chose à faire est de « distraire et détourner ». Cela peut être avec un jouet préféré ou une friandise. Tout comme avec un jeune enfant, si vous occupez l'esprit du chiot avec une autre expérience, il oublie de s'inquiéter.

Cette visite initiale est comme beaucoup de premières choses dans la vie précoce de votre chiot Berger allemand. Si l'expérience est amusante et qu'il y a peu ou pas de douleur impliquée, votre chiot n'aura pas de mauvaises associations avec la visite chez le vétérinaire. J'ai vu des chiens adultes être traînés ou portés, donnant des coups de pied et hurlant, dans le cabinet du vétérinaire. Vous ne voulez pas être l'un de ces propriétaires essayant de persuader un Berger allemand de quarante kilos de franchir la porte du cabinet. C'est vraiment dur pour vous et votre chien, alors faites tout ce que vous pouvez pour orienter le processus dans la bonne direction dès le début. Vous vous épargnerez une vie entière d'inquiétude et de peur pour vous et, plus important encore, pour votre Berger allemand.

Les détails pratiques

Un autre conseil à retenir : votre Berger allemand est trop jeune pour avoir une immunité complète afin de résister à de nombreuses maladies qui rôdent. La plupart des cabinets vétérinaires font un assez bon travail pour s'assurer que le sol est propre, mais comme on dit, « les accidents arrivent ». Des accidents se seront produits, alors assurez-vous de porter votre chiot dans le cabinet et de le garder sur vos genoux jusqu'à ce que vous soyez dans la salle d'examen. Mieux vaut prévenir que guérir.

Le vétérinaire passera en revue une liste de contrôle de routine avec votre chiot. Il cherche à établir la santé générale de votre chien et aussi à voir s'il y a des signes extérieurs de défauts congénitaux. Votre vétérinaire est votre partenaire dans les soins de votre chien, alors j'essaie toujours de me rappeler qu'il est un ami et qu'il essaie simplement d'aider. Voici ce qui se passera pendant ce premier examen.

- Les yeux et les oreilles de votre Berger allemand seront inspectés.

- Les dents, la langue, les gencives et la gorge feront l'objet d'un examen minutieux. La couleur rose devrait être de mise. Des taches noires peuvent être présentes, ce qui n'est pas inquiétant.

- Votre vétérinaire sortira un stéthoscope et écoutera le cœur de votre chiot et vérifiera également ses poumons pour s'assurer que la respiration est sans effort et que les poumons sont clairs.

- Votre chiot sera pesé lors de cette visite et de toutes les visites suivantes. Le poids d'un chien est un très bon indicateur de santé. Trop lourd ou trop maigre et un régime différent pourrait être recommandé.

- Le vétérinaire fera beaucoup de touchers et de palpations, surtout dans la région abdominale de votre chiot. Il recherche des signes de sensibilité qui pourraient indiquer un problème. Les orteils, les ongles, les pattes et la région anale seront vérifiés.

- Votre chiot sera observé pendant qu'il se promène pour s'assurer que sa démarche est normale, sans signes de boiterie ou de douleur.

- Pendant l'examen, posez toutes les questions auxquelles vous pouvez penser. N'oubliez pas que vous avez un expert à votre disposition, alors profitez de ce temps. Assurez-vous de fournir au vétérinaire tous les documents ou informations concernant votre chiot Berger allemand que l'éleveur a pu vous donner.

- Selon l'âge du chiot, des vaccinations peuvent être nécessaires. Celles-ci ne font pas vraiment mal à votre chien, mais vous voudrez peut-être fournir une friandise ou un jouet à mâcher lorsque l'aiguille est manipulée.

Une fois l'examen terminé, assurez-vous de programmer un rendez-vous pour les vaccins supplémentaires dont votre chiot a besoin. Il existe une série de vaccins recommandés ainsi que des vaccins optionnels ou « non essentiels ». Un vaccin optionnel à considérer si vous mettez votre chien en pension à un moment donné est le vaccin contre la Bordetella, ou « toux de chenil ». De nombreux chenils l'exigent avant d'accepter votre chien.

Éduquer le petit

« Quelque chose que la plupart des gens ne semblent pas réaliser, c'est que vous pouvez commencer l'éducation dès le premier jour. Ils sont intelligents et ils vous surprendront par tout ce qu'ils peuvent apprendre dès le départ. C'est un moment crucial pour commencer à poser les bases des comportements que vous voulez voir chez eux en tant qu'adultes. »

Celeste Schmidt
Dakonic German Shepherds

L'éducation avec votre Berger allemand n'est pas une option. C'est une nécessité. Les chiens ne deviennent pas soudainement bien élevés socialement et obéissants du jour au lendemain et par osmose. Vous devez passer du temps avec eux, soit en tête-à-tête, soit en cours collectifs. Les deux sont bénéfiques. Si vous avez la chance d'avoir près de chez vous des organismes offrant des cours de groupe, vous pouvez demander s'ils proposent des cours spécifiquement pour les grandes races. De cette façon, vous pourriez éviter la situation inconfortable de cours collectifs que j'ai décrite au chapitre 3.

École du chiot

La première exposition de votre chiot à ses pairs devrait probablement se faire par le biais d'une école du chiot. Ces cours en groupe permettent autant la socialisation que l'éducation, et ils sont donc très utiles. La plupart des amateurs de chiens conviendront que les quatre premiers mois de la vie de votre chiot Berger allemand sont le moment où ils sont les plus impressionnables. C'est donc le moment idéal pour commencer son éducation. Les cours pour chiots peuvent traiter de tout, des pro-

Crédit photo :
Hannah Wynd

blèmes sur lesquels vous travaillez à la maison comme l'apprentissage de la propreté et les conseils d'éducation en cage, à la familiarisation du chiot avec les personnes en uniforme. Votre Berger allemand passera également du temps avec d'autres chiots, ce qui est inestimable. C'est aussi une bonne expérience pour vous. Vous pouvez parler avec d'autres propriétaires et partager des histoires et des conseils. Peut-être que vous pourrez aussi rire un peu. La socialisation et l'éducation des chiens semblent parfois être excessivement sérieuses. Apprenez à vous détendre un peu et vous vous sentirez rafraîchi et rechargé, prêt à aborder la prochaine leçon.

Conseil médical :

> Pendant cette période de la vie de votre chiot, alors qu'il est vacciné et acquiert son immunité complète, il est important de limiter son exposition aux lieux et autres animaux qui pourraient lui transmettre quelque chose. Assurez-vous que l'organisation offrant les cours pour chiots auxquels vous assistez exige que tous les chiens participent à un programme de vaccination. Les organisateurs de cours devraient avoir un protocole d'hygiène strict qui nécessite un nettoyage complet des zones utilisées en cours collectifs. Pour ces premiers mois de la vie de votre chiot, les avantages de la socialisation l'emportent sur les risques minimes d'infection dans le vaste monde.

Ruiner son budget ?

Espérons que les dépenses de la première année associées à votre nouveau meilleur ami ne ruineront pas votre budget, mais vous devez élaborer une sorte de budget général. N'oubliez pas que vous pouvez dépenser autant que vous le souhaitez, mais il y a un montant minimum qui sera essentiel. La SPA estime que la première année d'un chiot de grande race vous coûtera en moyenne plus de mille huit cents euros, ce qui n'inclut pas le coût d'achat initial. Décomposons certains de ces coûts.

Coût d'achat initial du chiot

Si vous achetez un Berger allemand de race pure en France, le montant que vous payez variera. De plus, ce que vous avez l'intention de faire avec votre chiot aura un impact sur le prix. Si vous recherchez un chien à forte motivation qui devrait exceller en obéissance et en protection, vous pourriez vous séparer de cinq mille euros ou plus. Vous cherchez un chien de famille et un compagnon personnel ? Ce prix commencerait probablement à un millier d'euros.

Coûts vétérinaires/médicaux

Selon les estimations de la FACCO (Fédération des fabricants d'aliments pour chiens, chats, oiseaux et autres animaux familiers), les Français dépensent chaque année plusieurs milliards d'euros pour leurs animaux de compagnie, dont une part importante est consacrée aux soins vétérinaires. En 2017, ce poste représentait à lui seul plus d'un milliard d'euros. Cela semble être un montant stupéfiant et c'est le cas, mais n'oubliez pas que la sophistication de la technologie et des médicaments dans le monde des animaux de compagnie a suivi le rythme de son homologue humain. Voici quelques exemples de ce à quoi pourraient ressembler les coûts individuels.

- Le tarif de base pour une visite chez le vétérinaire commence à environ cinquante euros. Si vous ajoutez des vaccinations, cela peut ajouter vingt euros par injection.
- Les coûts de stérilisation/castration de 200 euros ou plus ne sont pas rares.
- Les grands chiens comme les Bergers allemands coûteront plus cher à traiter car plus de médicaments sont nécessaires, par exemple.
- Une visite vétérinaire d'urgence peut coûter en moyenne plus de 100 euros. Cela n'inclut pas des choses comme les analyses de sang

et les radiographies. Ajoutez plusieurs centaines d'euros pour ces procédures. Si votre chien a besoin d'une chirurgie d'urgence, cela peut coûter plusieurs milliers d'euros.

Je pense que vous avez compris et cela rend l'assurance pour animaux de compagnie très attrayante.

Assurance pour animaux de compagnie

Les primes d'assurance pour animaux de compagnie varieront en fonction de l'âge de votre chien lors de l'inscription, de votre franchise et des services médicaux couverts par le type d'assurance que vous achetez. La fourchette à laquelle vous pouvez vous attendre serait généralement des primes mensuelles allant de vingt-cinq à soixante-dix euros.

Nourriture et friandises

Tous les coûts que je détaille varieront, et il en va de même pour la nourriture et les friandises. Si votre chien est essentiellement un mangeur de croquettes sèches (personnellement, je n'en connais pas beaucoup), votre budget alimentaire sera assez basique. Si vous commencez à ajouter de la nourriture humide en conserve, les coûts commencent à augmenter. Si vous nourrissez votre chien avec un régime cru, cela peut être très coûteux à moins que vous ne transformiez vous-même la plupart de la viande. Estimons votre facture alimentaire à partir d'environ soixante-dix euros par mois.

Cages et produits de base

Prévoyez de dépenser cent euros ou plus pour une cage très grande. Des colliers de bonne qualité coûteront vingt euros. Vous pourriez aussi bien acheter des laisses solides dès le début car vous aurez éventuellement un chien de quarante kilos à l'autre bout, alors prévoyez trente euros par laisse dans votre budget. La barrière pour animaux de compagnie avec passage que j'utilise coûte environ quarante euros.

Jouets

Vous avez tous le choix ici. Cody a toujours aimé mâcher et déchirer des bâtons ou des branches et ici à la campagne, ils sont gratuits. Mais il a aussi beaucoup de jouets couineurs et de balles. Chacun d'eux peut coûter huit euros, donc ils s'additionnent rapidement. J'ai également constaté qu'avec un chien plus jeune, j'achetais plus de jouets. Maintenant, avec un Berger allemand « mature », j'achète moins de jouets, mais de meilleure qualité. S'ils survivent aux premiers jours, je sais qu'ils seront là pour un moment.

Éducation

Les cours collectifs seront les plus abordables mais coûteront tout de même environ 150 euros pour une session de 6 semaines. Si vous continuez dans une formation spécialisée, prévoyez de dépenser 3000 euros pour un cours de protection personnelle par exemple.

Toilettage

Vous pouvez faire vous-même une grande partie du toilettage. Si vous le maintenez quotidiennement et hebdomadairement, alors les visites chez un toiletteur ne sont pas nécessaires. N'oubliez pas que les Bergers allemands n'ont pas besoin de bains fréquents à moins qu'ils ne soient vraiment sales ou ne rencontrent un lièvre. Vous pouvez couper les ongles à la maison. Mon chien, Cody, est brossé tous les soirs, donc il ne se retrouve jamais dans un enchevêtrement que son pelage dense aurait tendance à faire. Si vous allez chez un toiletteur, vous pourriez payer jusqu'à 90 euros par séance si vous y allez rarement. N'oubliez pas de brosser les dents de votre chien. Ils adorent le dentifrice au goût de beurre de cacahuète.

Garderie/Promeneurs de chiens

La garderie pour chiens peut coûter environ 40 euros par jour. Pour la promenade de chiens, prévoyez probablement environ 20 euros par sortie.

Nous sommes arrivés au stade où votre chien va commencer à grandir comme une mauvaise herbe physiquement. Un processus de maturation mentale est également en cours. En tant que propriétaire responsable, vous devez rester au fait de l'évolution de votre Berger allemand afin de vous assurer qu'il devient le chien sociable, responsable et obéissant qu'il doit être. C'est maintenant que vous devez investir du temps dès le début pour faire face à de nombreuses habitudes ennuyeuses comme mâcher et creuser qui peuvent devenir incontrôlables si vous ne les freinez pas maintenant.

Je me souviens que mon Berger allemand, Cody, quand il était chiot, avait la mauvaise habitude de ramasser des pierres et de les mâcher. Je devais faire attention à lui et chaque fois qu'il ramassait un caillou, je le lui prenais et lui disais non. Je faisais des rêves où Cody mâchait des cailloux. Si je me promenais avec ma femme et le chien, je lui disais toujours : « Est-ce qu'il vient de ramasser une pierre ? » Si mon chiot pouvait être persistant à mâcher des cailloux, je pouvais être tout aussi persistant à les lui enlever. Oui, le comportement peut durer des mois, mais vous pouvez gagner à la fin.

CHAPITRE 6
Être un parent de chiot responsable

Crédit photo :
Morgan Hill

Permettez-moi de commencer ce chapitre par une anecdote personnelle. Mon Berger Allemand, Cody, n'a jamais été motivé par les friandises. Je l'ai découvert très tôt dans ma carrière de maître. J'ai donc dû trouver ce qui le motivait à faire ce que je voulais qu'il fasse malgré lui. Quand il était chiot, l'une des premières choses que je voulais que Cody apprenne était de venir vers moi quand je l'appelais. Les éducateurs canins appellent cela le « rappel » ou, selon la qualité d'exécution, le « rappel solide ». Cela semble assez simple, mais essayez donc d'expliquer à un chiot de douze semaines, qui ne veut que renifler et mettre des cailloux dans sa gueule, qu'il devrait venir quand on l'appelle. Au fil des jours, avec un succès minimal voire inexistant, j'ai découvert qu'il aimait me poursuivre et adorait certainement être poursuivi. Alors, je disais « Viens » et je m'éloignais de lui en courant. Quand il me rattrapait, je le caressais toujours en lui disant quel bon chien il était. Pour Cody, tout tournait, et tourne encore, autour du jeu et du renforcement positif qu'il reçoit lorsqu'il fait ce que je lui demande.

C'est ma façon un peu longue de vous dire que dans votre carrière de parent de chiot, vous devriez vous concentrer sur le renforcement positif du comportement de votre Berger Allemand. Le renforcement négatif, ou la punition, n'apprend à votre chien qu'à modifier son comportement par peur. Je ne connais personne qui aime voir un chien apeuré, se recroquevillant à cause d'un faux pas. La vie est trop courte. Le renforcement positif devrait donc être le fondement de tout ce que vous et votre chien accomplissez ensemble. Ce ne sera pas facile. Et souvenez-vous, si vous voulez crier sur quelqu'un, allez vous regarder dans un miroir.

La controverse de la cage

Allez sur n'importe quel groupe Facebook ou autre réseau social consacré aux Bergers Allemands et demandez si vous devriez habituer votre Berger Allemand à la cage, puis observez. Vous assisterez à une avalanche assourdissante de partisans et à un barrage tout aussi important d'opposants. Les personnes qui ne soutiennent pas l'éducation à la cage diront que l'enfermement est cruel et qu'elles ne permettront jamais que leurs chiens soient enfermés dans une cage. Ceux qui soutiennent l'utilisation d'une cage affirment que c'est simplement un outil et qu'elle peut en fait donner au chien un sentiment de sécurité.

C'est là que le concept de renforcement positif commence à se manifester dans votre foyer. L'éducation à la cage ne doit pas être utilisée de manière abusive. Elle n'est pas destinée à servir de punition. Elle est conçue comme un espace personnel pour votre Berger Allemand, comme un refuge s'il en a assez et veut s'éloigner de tout. L'un des principaux arguments contre l'utilisation de la cage est qu'il n'est pas bon pour votre Berger Allemand d'être enfermé pendant seize heures par jour. Et je suis d'accord avec cela. Elle ne devrait jamais être utilisée comme substitut à un promeneur de chiens, à une garderie canine, ou même à vous qui vous levez du canapé pour faire quelques-uns de ces dix mille pas que nous sommes tous censés faire chaque jour pour rester en bonne santé. Elle peut être utilisée pendant plusieurs heures dans la journée lorsque vous devez vous absenter et que vous voulez que votre chien soit en sécurité. Cody dort dans sa cage la nuit et y entre volontiers vers sept heures tous les soirs. Parfois, je le trouve en train d'y traîner à d'autres moments, surtout après le déjeuner quand il fait sa sieste. C'est son habitude et il en est satisfait. Vous devez déterminer votre routine et vous y tenir.

Voici donc ce que je suggère. Habituez votre chiot à la cage. Ce sera utile pour lui, et pour vous, pendant qu'il traverse certaines des phases juvéniles les plus destructrices. Décidez, à mesure que votre Berger Allemand grandit, si continuer à utiliser une cage a du sens pour votre mode de vie ou non. Puis continuez votre vie. Le ciel ne va pas vous tomber sur la tête si vous habituez ou non votre chien à la cage. Mais puisque nous parlons de cages, passons en revue quelques principes de base pour tirer le meilleur parti de ce qui n'est, après tout, qu'une option dans votre arsenal d'outils d'éducation.

La culture de la cage

Tous les chiens veulent apprendre. Certains sont plus intelligents que d'autres, c'est vrai, et la courbe d'apprentissage peut être plus longue pour certains chiens, mais en fin de compte, ils veulent tous faire ce qu'il faut, vous faire plaisir et être heureux. Les chiots Bergers Allemands sont à des années-lumière d'être responsables. Ils sont gouvernés par leurs sens, leurs appétits et une curiosité insatiable. Ces petites habitudes de chiot que je viens de décrire est ce qui peut les mettre dans le pétrin. Parfois des ennuis sérieux qui peuvent les blesser, c'est donc à vous d'être responsable parce qu'ils ne peuvent pas l'être, pour l'instant. L'une de ces façons de remplir vos obligations est de surveiller et de contrôler le comportement de votre chiot.

Les premières semaines

Vous et votre chiot avez commencé à vous connaître. L'une des choses importantes à laquelle vous avez dû exposer votre chiot est de passer du temps dans sa cage. Ses gamelles de nourriture et d'eau devraient s'y trouver pour qu'à l'heure des repas, il y entre volontairement.

Je ne laisserais pas les gamelles dans la cage à d'autres moments. Mettez ses jouets dans sa cage pour qu'il doive y entrer pour les récupérer. Ne fermez pas la porte sur lui pour qu'il ne pense pas qu'à chaque fois qu'il entre, il va être enfermé. Sa couchette de jour devrait être là. Les friandises devraient être distribuées dans la cage. Vous devez créer l'impression que toutes les bonnes choses tournent autour de la cage. La nuit, il devrait être dans la cage de la chambre à coucher pour qu'il commence à comprendre cette routine et sache ce qu'on attend de lui. Nous approfondirons davantage l'utilité de cet

*Crédit photo :
Celeste Schmidt
Dakonic GSDs*

outil, mais il suffit de dire que les cages peuvent jouer un rôle important dans l'apprentissage de la propreté également. Les Bergers Allemands sont incroyablement intelligents et comprennent la plupart des choses très rapidement. S'ils ne vous donnent pas le comportement souhaité, c'est parce que vous n'avez pas trouvé la bonne clé pour le débloquer.

Mâchonnement et morsures

Les mordillements et le fait de prendre dans la gueule sont probablement la plainte la plus courante des propriétaires de Bergers Allemands. Cela commence très tôt et, si on n'y remédie pas, se prolonge jusqu'à l'âge adulte. Les Bergers Allemands explorent les choses avec leur gueule. Ils s'apaisent en mâchonnant des objets. Jouets, chaussures, plinthes, tapis... ces chiens sont tous des génies quand il s'agit de démonter les choses. Consultez les stratégies de remédiation que j'ai décrites dans la section suivante sur la dentition.

La dentition

L'une des raisons pour lesquelles votre Berger Allemand mâchonne est la dentition. Votre chiot a vingt-huit dents de lait, mais on a parfois l'impression qu'il en a bien plus. Il commencera à perdre ces dents acérées à partir de douze semaines environ. C'est là que réside le problème. Les chiots aiment naturellement mâchonner, mais quand la dentition bat son plein, cela prend une toute autre dimension. Les dents de lait qui tombent, les dents adultes qui poussent lentement, c'est une recette pour un mauvais comportement de la part de votre Berger Allemand, et de la frustration de votre côté. Cela dit, il existe quelques stratégies pour y faire face.

Stratégie désespérée n° 1

Détourner et distraire. Quand votre chiot mord, dites-lui non et faites un grand spectacle en lui donnant un jouet préféré pour jouer. Changez-lui les idées. Je sais que je l'ai déjà mentionné, mais cela fonctionne.

Stratégie désespérée n° 2

Si votre chiot mord, dites « aïe » à haute voix et éloignez-vous de lui. Arrêtez tout jeu qui aurait pu être en cours. La théorie est que votre petit génie associera la morsure à la fin du temps de jeu et qu'il se corrigera donc de lui-même. C'est la théorie, en tout cas.

Stratégie désespérée n° 3

C'est une technique que j'ai utilisée avec Cody et son cerveau de chiot semblait la comprendre assez rapidement. Quand il me mordait, je disais bien sûr non, peut-être avec un « aïe » d'abord. Puis je mettais ma main dans sa gueule avec mon pouce sous sa langue et mon index sous son menton. Comme cela met le chien mal à l'aise, ils se débattent pour s'éloigner de vous. Cela ne fait pas mal au chiot et ils apprennent vite que s'ils vous mordillent, vous allez exercer une pression sur eux. Comme je l'ai dit, ce sont de petites créatures intelligentes.

Grognements et aboiements

Il faut garder à l'esprit que tous les chiots grognent, aboient et mordent. C'est dans leur nature, c'est ainsi qu'ils jouent entre eux, c'est ainsi qu'ils veulent jouer avec vous, c'est un comportement normal. Vous devriez connaître suffisamment votre chiot Berger Allemand après quelques jours pour faire la différence entre le jeu et la simple agressivité. Le corps de la plupart des chiots est assez détendu en mode jeu, mais si vous remarquez une certaine tension, il est temps d'arrêter. Arrêtez le jeu, éloignez-vous si nécessaire, et donnez à votre chiot le temps de se calmer. Il veut votre temps et votre attention plus que tout, il devrait donc comprendre rapidement les signaux.

Creuser, creuser et encore creuser

Pourquoi les chiots creusent-ils ? Principalement, votre chiot Berger Allemand va creuser pour se divertir parce qu'il s'ennuie. Voici la meilleure façon de gérer ce comportement :

- L'exercice. Bien qu'il soit important de ne pas stresser le corps d'un chiot en le faisant trop se dépenser physiquement, vous devez lui donner l'occasion de brûler toute cette énergie juvénile. De nombreuses courtes promenades, des jeux avec des jouets, même des jeux de base comme rapporter un objet aideront à fatiguer votre Berger Allemand. S'entraîner aux ordres épuisera tout le monde, donc cinq minutes de cela à la fois et personne n'aura d'énergie pour quoi que ce soit.

Il existe plusieurs autres motivations pour endommager le jardin. Certains chiots plus âgés cherchent un changement de décor. Non pas que l'hospitalité ne soit pas excellente chez vous, c'est juste qu'il y a tout un vaste monde à découvrir. C'est peut-être pourquoi votre chiot essaie de s'échapper en tentant de creuser sous la clôture ou près d'un mur de fondation. Voici quelques approches pour aider à gérer l'artiste de l'évasion.

Crédit photo : Autumn Raines

- Tout d'abord, surveillez votre chiot lorsqu'il est dans le jardin. Si vous vous contentez de le lâcher dehors puis de partir pour la journée, vous récoltez ce que vous semez. Cela ne devrait jamais être le cas. En l'observant, si vous voyez un comportement de creusement, vous pouvez prendre des mesures pour l'arrêter. Sortez, dites non et occupez-le avec une activité pendant quelques minutes qui changera l'état d'esprit du chien.

- Vous pouvez installer des barrières physiques qui empêcheront de creuser sous une clôture, comme du grillage ancré au sol.

Voici ma suggestion en dernier recours. Certains Bergers Allemands, peu importe combien vous essayez de changer leur comportement, retombent parfois dans de vieilles mauvaises habitudes. Peut-être ont-ils eu une journée stressante au parc à chiens ou leur gamelle de croquettes du soir n'était pas tout à fait à la hauteur. Ils ne connaissent peut-être même pas la raison, mais avant que vous ne vous en rendiez compte, la terre vole. Si vous êtes dos au mur, essayez ceci.

- Réservez une zone où creuser EST autorisé. Je sais, cela semble contre-intuitif, n'est-ce pas ? Eh bien non, pas vraiment. Creuser devient une récompense, un comportement contrôlé. Vous pouvez l'emmener dans cette zone et le féliciter. Des jouets spéciaux pourraient être des trésors enterrés que votre chiot découvrira. Si le creusement commence dans une autre zone, arrêtez immédiatement cette activité et dirigez-vous vers l'emplacement de la mine à ciel ouvert.

Parfois, il est tout aussi important de savoir comment ne pas procéder. La socialisation et l'éducation d'un Berger Allemand prennent du temps et il y a très peu de raccourcis. Je veux terminer cette section avec plusieurs choses que je ne recommande pas lorsqu'on a affaire à un chien qui creuse.

- Conformément à l'approche du renforcement positif, pas de clôtures électriques. C'est vraiment une punition pour faciliter un changement. Choquer un chien lorsqu'il s'approche d'une barrière peut guérir un comportement tout en créant potentiellement plusieurs autres problèmes.

- N'utilisez pas de sprays au poivre ou d'autres préparations qui pourraient nuire à votre chiot et à d'autres animaux. Prenez le temps d'aider votre Berger Allemand, pas de lui faire du mal.

- Ne punissez jamais votre chien pour avoir creusé. Corrigez le comportement dès que vous le voyez se produire afin que le chiot associe la réprimande à quelque chose d'inacceptable.

Une dernière remarque. Cody, à l'âge mûr de cinq ans, a encore un endroit qu'il aime creuser. Il se trouve que c'est dans un parterre de fleurs juste à côté de la porte d'entrée. Il n'a jamais été sournois quant à l'endroit où il creuse, c'est juste cet endroit qui semble lui être irrésistible. S'il me voit le regarder, il s'arrête et prétend qu'il ne faisait qu'inspecter les lieux. Les vieilles habitudes ont la vie dure. Vous voyez ce que je veux dire ?

L'anxiété de séparation

L'anxiété de séparation est plus courante que vous ne le pensez, et elle peut se développer tôt dans la vie de votre chiot. Les vétérinaires de l'Université de l'Illinois suggèrent que jusqu'à 40% des chiens peuvent connaître une forme d'anxiété de séparation. Les chiens s'attachent rapidement à leurs maîtres. Rappelez-vous que vous êtes la source de toute bonne nourriture et de toutes les bonnes expériences. Vous êtes leur porte d'entrée vers le plaisir. Lorsque vous quittez la maison sans eux, certains chiens, surtout les chiens adoptés, peuvent se sentir abandonnés. Ils craignent que vous ne reveniez jamais. Voici quelques circonstances qui peuvent déclencher l'anxiété de séparation.

- Votre emploi du temps change soudainement sans aucune tentative de transition vers les nouvelles heures.

- Déménagement vers un nouveau lieu.

- Un membre de la famille auquel ils sont attachés disparaît soudainement. Il peut s'agir de quelqu'un qui part étudier ou, malheureusement, d'un décès dans la famille.

- Certains chiens doivent être replacés sans que ce soit de leur faute, et cela peut provoquer de l'anxiété.

Vous ne réalisez peut-être pas que votre changement de situation a déclenché un problème émotionnel chez votre Berger Allemand jusqu'à ce qu'il commence à agir de façon inhabituelle. Aucun des comportements que le chien sujet à l'anxiété de séparation manifeste ne peut être considéré comme intentionnel, ce qui signifie qu'ils ne le font pas pour vous contrarier ou se venger de vous parce que vous les avez laissés. Ils sont véritablement terrifiés et leur comportement est une réaction réflexe à la peur. Votre chiot peut montrer certains des comportements suivants si l'anxiété de séparation devient un problème.

- Si vous avez habitué votre chiot à la cage, il peut tenter de s'échapper. Certains chiens sont assez forts pour plier les cages en fil métallique et sortir. Certains chiens ne peuvent plier le métal que suffisamment pour se mettre en danger. Vous devrez peut-être cesser d'utiliser la cage et utiliser des barrières pour bébés pour confiner votre Berger Allemand dans une pièce appropriée.

- Destruction d'objets ménagers. Un chiot souffrant d'anxiété de séparation peut mâchonner les encadrements de portes ou les plinthes, les chaises, les pieds de table, les tapis, tout ce qui se trouve dans sa pièce. Comme avec la destruction de la cage, votre Berger Allemand peut se blesser pendant sa crise d'anxiété.

- Miction et défécation.
- Aller et venir sans cesse et aboyer.

Tous ces comportements peuvent être des signes d'anxiété de séparation, mais si votre Berger Allemand fait l'une de ces choses, une visite chez le vétérinaire est probablement nécessaire. Vous devez écarter tout problème médical chez votre animal.

Conseils rapides pour gérer l'anxiété de séparation

L'anxiété de séparation peut être un défi complexe à gérer car il y a des personnalités individuelles et compliquées qui se cachent dans ces crânes de chiens. Si vous constatez que votre Berger Allemand présente des symptômes, voici quelques solutions générales à envisager. Vous devrez faire plus de recherches par vous-même, et vous devrez peut-être chercher de l'aide d'un professionnel. Il y a une chose dont vous pouvez être sûr : cela ne disparaîtra pas tout seul et votre chien ne s'en remettra pas en grandissant.

- Tout comme votre chiot a été inconsciemment conditionné à s'inquiéter quand vous n'êtes pas là, il peut être conditionné à se détendre. L'une des choses cruciales à garder à l'esprit est l'équilibre négatif-positif. Si vous transformez progressivement le négatif en positif, un changement de comportement devrait en résulter. Les chiens qui sont motivés par leurs aliments préférés sont les plus faciles à aider de cette façon. Des jouets laissés avec des friandises préférées peuvent aider à soulager l'anxiété quand vous êtes absent. De courtes sorties suivies de retours peuvent aider votre Berger Allemand à comprendre que vous revenez toujours.

- Pour les cas d'anxiété sévère, vous devriez consulter un éducateur canin qualifié ou, si vous avez la chance de vivre dans une région où vous avez des spécialistes du comportement animal, faites appel à l'un d'entre eux.

Seul à la maison

Mise à part l'anxiété de séparation, vous devriez travailler progressivement à laisser votre chiot seul pendant des laps de temps. Tous les chiens doivent apprendre à être seuls car ils devront faire face à une certaine solitude tout au long de leur vie. Commencer par de courtes absences est la meilleure façon de débuter. Laisser une lumière allumée et la radio ou une musique douce en fond sonore aide à compenser l'absence humaine.

Je sais que lorsque j'en étais à ce stade avec Cody, je le mettais dans sa cage, me préparant manifestement à partir en faisant du bruit, puis je claquais bruyamment la porte en sortant. Ensuite, je restais là et j'écoutais. Les premières fois, il y avait d'abord le silence, puis j'entendais de petits aboiements, qui gagnaient lentement en volume. Après une minute ou deux de cela, mais pas au point que Cody soit complètement excité, j'ouvrais la porte et je rentrais bruyamment. Les aboiements cessaient immédiatement. Puis je me promenais dans la maison où il pouvait me voir et je repartais. Je mélangeais les jours avec des départs de courte durée puis des absences plus longues. Parfois, quand je rentrais à la maison et s'il y avait des aboiements, j'entrais, regardais Cody dans sa cage, disais « pas d'aboiements », puis je le laissais sortir et nous continuions. Il a fallu plusieurs semaines de répétitions avant que quand je rentre un jour, non seulement il n'y avait pas d'aboiements, mais le seul son qui sortait de la cage était des ronflements.

Voici quelques autres points à méditer pendant que vous traversez le processus « Seul à la maison ».

1. Commencez le processus le plus tôt possible. Plus tôt votre chiot Berger Allemand saisira la routine et se rendra compte que vous rentrez effectivement à la maison chaque fois que vous partez, plus chacun sera heureux.

2. Dans la préparation de certaines absences, assurez-vous d'ignorer délibérément votre Berger Allemand parfois. Il doit savoir que vous n'allez pas l'amuser vingt-quatre heures sur vingt-quatre. Que pendant une partie de la journée, il sera laissé avec ses pensées de chiot et ses jouets pour se divertir.

3. Lorsque vous partez, surtout si vous n'utilisez pas de cage, pas d'adieux émotionnels prolongés. Vous ne voulez pas donner au chiot des indices lui indiquant qu'il est temps de s'inquiéter. Aller et venir sans fanfare est la façon de procéder. Je sais que c'est dur pour l'ego, mais vous vous en remettrez.

4. Je sais que nous avons parlé d'exercice, mais c'est vraiment une clé pour beaucoup de choses. Assurez-vous que votre chiot a eu beaucoup d'activité combinée à un temps de récupération avant votre sortie. Si votre chiot est convenablement épuisé avant votre départ, il pourrait simplement dormir pendant tout le temps où vous êtes absent.

L'heure du coucher pour la petite bête

Les chiots Bergers Allemands dorment énormément. Vous verrez bientôt un rythme dans l'existence du petit monstre. Dormir, manger, faire pipi et/ou caca, jouer, dormir, faire pipi et/ou caca, et le cycle continue. Le chiot devrait dormir dans sa cage afin d'avoir une association positive continue avec ce dispositif métallique. Voici une liste de contrôle que vous pouvez utiliser pour vous assurer que l'heure du coucher est un moment calme.

- Laissez votre Berger Allemand dormir autant qu'il le souhaite.
- Assurez-vous que votre chiot fait beaucoup d'exercice pendant la journée pour qu'il soit fatigué le soir.
- Assurez-vous qu'il est allé faire ses besoins avant d'aller au lit.
- Pas d'activité frénétique pendant au moins une heure avant le coucher.
- L'heure du coucher devrait être approximativement la même chaque soir, afin que la routine que tous les Bergers Allemands adorent s'établisse tôt.
- Sa cage de couchage devrait être suffisamment confortable pour que vous envisagiez d'y ramper pour une sieste.
- N'oubliez pas que les chiots sont des machines à mâchonner. Un jouet devrait être dans sa cage pour qu'il puisse satisfaire ce besoin.

Nous avons couvert beaucoup de terrain dans ce chapitre, mais seules les bases ont été posées pour un partenariat réussi entre vous et votre Berger Allemand. Dans le prochain chapitre, nous approfondirons comment vous pouvez garder votre belle maison plus ou moins intacte, TOUT EN aimant votre Berger Allemand. C'est possible.

CHAPITRE 7
L'apprentissage de la propreté

« L'élément le plus important dans l'apprentissage de la propreté est d'établir un programme et d'être prêt. Si le chiot se réveille d'une sieste, sortez-le, si le chiot a fini de jouer, sortez-le, etc. Soyez également attentif à sa consommation d'eau : si le chiot urine constamment, vous pourriez avoir besoin de contrôler davantage sa consommation d'eau. Il est généralement préférable de retirer l'eau quelques heures avant le coucher également. »

Celeste Schmidt
Dakonic Bergers Allemands

Apprentissage de la propreté, éducation à la propreté, peu importe comment vous l'appelez, l'objectif est de s'assurer que votre chiot Berger Allemand apprenne à uriner et à déféquer dans l'endroit approprié et qu'il apprenne progressivement à se retenir jusqu'à ce que cet endroit soit accessible. La clé est de comprendre qu'il existe une équation canine avec laquelle vous pouvez travailler, ce qui élimine une grande partie des incertitudes du processus. Comme le dit le vieil adage, tout est une question de timing, et cela n'a jamais été aussi vrai que lorsqu'il s'agit des besoins d'un jeune chien. Les chiots peuvent se retenir une heure pour chaque mois d'âge. Lorsque votre Berger Allemand arrive chez vous à huit semaines, donc deux mois, il peut tenir environ deux heures. Au-delà, c'est la loterie. Une fois ces cent vingt minutes écoulées, chaque seconde supplémentaire représente une fenêtre d'opportunité pour votre petit coquin. L'apprentissage de la propreté sera l'une des tâches d'éducation les plus fastidieuses que vous aurez à accomplir avec votre petit destructeur de maison, mais quand il « comprendra » et commencera à vous montrer qu'il sait, vos soupirs de soulagement s'entendront à des kilomètres. Abordons quelques méthodes de base pour faire comprendre à votre chiot que faire ses besoins est une affaire d'extérieur, pas une plaisanterie d'intérieur.

Perfectionner l'apprentissage de la propreté

Vous vous souvenez de la controverse sur l'éducation en cage dont nous avons parlé précédemment ? Je vais y revenir brièvement. Utiliser une cage lors de l'apprentissage de la propreté a beaucoup de sens, pour plusieurs raisons.

- Souvenirs de maman. La chienne mère garde l'espace de la portée propre même s'il y a six, sept ou huit chiots qui se promènent en faisant des dégâts. Progressivement, les chiots comprennent et vont plus loin pour faire leurs besoins. L'idée de garder l'espace de vie immédiat propre est imprimée en eux très tôt par cette figure d'autorité suprême, leur mère. Les chiots conservent ce principe d'hygiène personnelle toute leur vie.

- Cage sur mesure. Tout d'abord, vous pouvez acheter des cages de différentes tailles, ce qui permet de donner à votre chiot suffisamment d'espace à l'intérieur, mais pas trop pour qu'il ne puisse pas aller au fond, faire ses besoins, puis revenir tranquillement dans sa zone de jeu. Les cages sont également équipées de séparateurs pour que vous puissiez acheter une taille plus grande pour anticiper sa croissance future, tout en utilisant le séparateur pour adapter l'espace de vie immédiat à la taille actuelle de votre chiot.

Si vous préférez utiliser un parc pour chiot plutôt qu'une cage, cela peut très bien fonctionner, surtout lorsque votre Berger Allemand est relativement jeune. Toutes les techniques mentionnées pour l'éducation en cage sont applicables au parc avec moins de contraintes. Mes recherches m'indiquent que, selon le modèle, les parcs sont généralement moins coûteux que les cages.

Laissons de côté le concept de cage un instant et examinons d'autres éléments qui vous aideront à anticiper les besoins de votre chiot. Vous savez qu'un chiot ne peut retenir son urine et ses selles que pendant un temps limité en raison de son âge. C'est le principe fondamental numéro un, alors développons-le. Il n'est jamais trop tôt pour établir des routines avec votre chiot Berger Allemand. Combinez les fonctions corporelles avec la routine et voici une autre équation qui vous aidera à déterminer quand votre jeune chien devra sortir pour faire ses besoins.

Le prédicteur de besoins

- Première chose le matin
- Après avoir mangé et/ou bu
- Après avoir joué
- Après un séjour en cage
- Après une sieste
- Dernière chose le soir

On peut pousser la pratique de la propreté à l'extrême. Je le sais parce que je l'ai fait avec mon Berger Allemand, Cody. Quand il avait huit et neuf semaines, et parce que je savais qu'il ne pouvait se retenir que pendant environ deux heures à cet âge, je réglais mon réveil toute la nuit et me levais toutes les deux heures pour sortir Cody. Le petit chiot dormait profondément, après s'être épuisé à pleurer, et je le réveillais pour qu'il titube dehors et contemple les étoiles. Parfois il faisait ses besoins, parfois il dormait debout. Je n'avais probablement pas besoin d'être aussi obsessionnel. J'étais un parent poule, mais je ne savais pas faire autrement. Maintenant je le sais, et vous aussi.

Les prédicteurs de besoins que j'ai mentionnés ne sont que quelques-uns des moments à surveiller. Vous devriez passer un temps considérable à observer votre Berger Allemand ; son comportement physique vous donnera également des indices quand il sera temps de se diriger vers la porte de sortie. Si vous ne le surveillez pas, des accidents se produiront et ce sera votre faute, pas celle de votre chiot. C'est vous qui avez ce grand cerveau humain avec tous ces réseaux neuronaux qui vous permettent d'anticiper l'avenir. Eh bien, pour vous, l'avenir c'est maintenant et il se promène sur quatre pattes en cherchant un endroit pour faire ses besoins.

Indices physiques des besoins

- Renifler. Cela signifie que votre chiot est en chasse et vous n'avez pas besoin de deviner pourquoi. Direction la porte de sortie.

- Tourner en rond et agitation générale. La détresse canine signifie qu'un accident n'est pas loin.

- Pause soudaine. Les Bergers Allemands peuvent soudainement se figer au milieu d'une activité. Si cela se produit, c'est le moment de foncer vers la sortie.

- S'asseoir ou gémir à la porte. Si cela se produit, vous êtes sur la voie du nirvana de la propreté. Votre petit Berger Allemand commence à comprendre. Sortez-le et félicitez-le abondamment. Vous pourriez même rentrer et prendre un verre pour célébrer.

Le langage de la propreté

Voici autre chose à considérer qui pourrait vous faciliter la vie et vous faire gagner quelques minutes précieuses. Je le décrirais comme votre ordre personnel pour les besoins. Choisissez une phrase que vous pourrez utiliser n'importe où, n'importe quand, sans gêne excessive. Cela peut être aussi simple que « fais pipi ». Souvenez-vous, les ordres doivent être courts. Chaque fois que vous sortez votre chiot Berger Allemand pour faire ses besoins, soyez prêt avec votre ordre personnel. Au début, le petit ne comprendra pas ce que cela signifie, mais chaque fois qu'il urine ou défèque, vous répétez l'ordre. Progressivement, vous introduisez l'ordre avant que la fonction corporelle du chien ne se produise. Finalement, avec de la persévérance, vous devriez être sur la même longueur d'onde et la mission pourra s'accomplir en quelques minutes au lieu d'heures. Cela réduira le temps que Médor passe à renifler et à contempler les étoiles, mais il s'en remettra.

Retour sur la pièce du chiot

Vous vous souvenez du vieux sol en lino dont j'ai parlé au chapitre 4 ? Il y a eu pas mal d'« accidents » de propreté dans cette pièce. Nous avons utilisé du journal dans la pièce du chiot au début pour amener notre chiot de huit semaines à faire ses besoins dans certaines zones. L'apprentissage sur papier, comme toute méthode, a ses partisans et ses détracteurs. Cody, manifestement non-croyant, faisait initialement pipi sur le sol en lino puis allait déchirer le journal. Ce n'est pas ainsi que le système du papier est censé fonctionner. Je vais aborder brièvement ce système car pour les Bergers Allemands, je ne pense pas qu'il devrait être utilisé sauf comme phase de transition brève vers les besoins à l'extérieur. Si vous avez un Jack Russell, alors peut-être que les journaux du jour pourraient être plus utiles.

Construire un dossier papier

L'idée de mettre du journal (ou des tapis absorbants pour chiots) est d'amener votre Berger Allemand à faire ses besoins sur la zone couverte de papier. Ensuite, vous réduisez progressivement la zone couverte, laissant finalement juste le papier le plus proche de la porte qui mène à l'extérieur, puis plus de papier du tout. Je n'utiliserais cette technique qu'aux premiers stades de l'éducation et dans des circonstances d'urgence où vous devez vous absenter et ne pouvez pas surveiller votre chiot. Vous savez que laisser un très jeune chien dans une cage pendant une longue période n'est PAS envisageable. Alors peut-être que le papier est la solution, du moins au début.

Crédit photo : Eduardo De Luna

Ouvrir des portes

Bien que certaines personnes pensent que les chatières sont plus adaptées aux petits chiens, les Bergers Allemands peuvent également les utiliser. En matière d'apprentissage de la propreté, elles peuvent faire gagner du temps si votre maison est configurée de la bonne façon ; non seulement elles font gagner du temps, mais si vous devez laisser votre chiot à la maison sans surveillance, alors s'il a été correctement éduqué à la propreté, vous n'aurez pas à vous inquiéter qu'il fasse des dégâts. Chaque fois que votre chiot doit faire ses besoins, vous le faites sortir par la même porte, n'est-ce pas ? À chaque fois, la même porte, la même routine. Les chiens s'épanouissent en connaissant les règles et en comprenant ce qui va se passer. Si vous avez une chatière, la règle est de faire sortir Junior par là pour faire ses besoins afin que cela devienne simplement une habitude.

Lorsque vous êtes prêt à voir si votre chiot peut se débrouiller seul, vous devrez d'abord vous assurer que l'espace de vie intérieur où votre chiot est confiné est relativement petit. Vous voudrez que tout lui rappelle les souvenirs de maman. Il ne voudra pas utiliser son espace intérieur pour se soulager, alors il sortira par la chatière. Votre espace extérieur devra être sécurisé pour que Junior ne puisse pas s'attirer d'ennuis pendant qu'il

Crédit photo :
Nicole Mckenzie

fait ses besoins. Une chatière pourrait justement vous ouvrir des portes pour résoudre l'énigme de la propreté.

Le calendrier

L'une des questions sans réponse de ce chapitre est : combien de temps tout ce processus va-t-il prendre ? Combien de jours, de semaines, de mois vais-je devoir surveiller ce petit génie pour détecter les signes qu'il doit sortir dans la zone de propreté ? Quand pourrai-je enfin dormir, quand est-ce que tout cela sera terminé ? Pour être honnête, c'est une question ouverte. Les Bergers Allemands sont extrêmement intelligents, donc si cela prend beaucoup de temps et que vous vous demandez pourquoi, mieux vaut ressortir le vieux miroir. Quatre mois devraient être une estimation maximale, mais de nombreux chiens sont bien engagés sur la voie de la propreté avant cela. Avec cette bonne nouvelle en tête, préparons-nous pour le prochain chapitre. Il s'agit de votre Berger Allemand et du monde extérieur. Ils ne savent pas automatiquement comment se comporter dans chaque situation, et ils se tourneront vers vous pour obtenir des indices sur ce que devrait être leur comportement. Appelons-le le chapitre de l'animal social.

CHAPITRE 8
L'animal social

« Sortez votre chiot Berger Allemand et exposez-le aux personnes et aux chiens dès que votre vétérinaire vous dit qu'il est sans danger de le faire. »

Tracy Berg
vom Haus Berg Bergers Allemands

Crédit photo :
Patti Baxter - Jasper

La socialisation. Pourquoi devrions-nous y réfléchir en ce qui concerne nos chiots Bergers Allemands ? Ne devrions-nous pas simplement nous adapter aux circonstances, laisser les choses suivre leur cours et prendre un jour à la fois ? La réponse courte est non. Le comportement canin peut être extrêmement imprévisible À MOINS que vous n'ayez fait l'effort de façonner et d'exposer votre Berger Allemand aux diverses possibilités et responsabilités sociales dans ce vaste monde.

Je savais que l'un de mes plus grands défis lorsque nous avons ramené notre Berger Allemand à la maison serait la socialisation, car nous vivons dans une propriété rurale. Il n'y a pas d'autres chiens auxquels exposer Cody, peu de personnes passent au cours d'une semaine, et à part quelques écureuils, lapins ou renards occasionnels, Cody passe la plupart de son temps à fixer mes beaux yeux. J'ai donc dû m'efforcer de l'emmener avec moi en camionnette, faire les quarante-cinq minutes de trajet jusqu'au parc canin le plus proche, prendre des cours particuliers avec un éducateur, et généralement l'exposer à tout ce que la journée peut offrir. Est-ce que le technicien de service occasionnel doit supporter Cody qui le renifle, essayant de le convaincre de lancer un frisbee usé ou de donner un coup de pied dans un ballon de basket dégonflé pour que le chien le poursuive ? Certainement, mais si je n'avais pas fait ces efforts de socialisation, j'aurais selon toute vraisemblance un chien craintif, peu sûr de lui et potentiellement dangereux de trente-huit kilos qui ne ferait que perpétuer le faux stéréotype du Berger Allemand agressif et incontrôlable. Je ne voulais pas cela et vous non plus.

Privilégier le positif

Les seize premières semaines de la vie d'un chiot constituent une période critique pour votre Berger Allemand. Sa personnalité commence à se former et des schémas comportementaux s'établissent. Ainsi, le temps que vous investissez maintenant vous rapportera au centuple plus tard. Tout comme vos méthodes d'éducation devraient toujours inclure le renforcement positif, votre approche de socialisation devrait également privilégier le positif. Si vous vous plaignez de l'ampleur de la tâche, du temps que cela va prendre et que vous n'êtes pas sûr que votre chiot ait vraiment besoin d'un effort de socialisation ciblé, souvenez-vous de ceci. La Société Protectrice des Animaux lance un avertissement grave sur ce qui peut arriver si votre Berger Allemand est insuffisamment socialisé.

> « Les problèmes comportementaux, et non les maladies infectieuses, sont la première cause de mortalité chez les chiens de moins de trois ans. »

Avoir un chien, c'est gérer des possibilités, et c'est l'un de ces moments où vous devez réfléchir à la façon dont votre chien s'en sortirait si vous n'étiez plus là. Un chien socialement adapté, qui gère bien les rencontres avec de nouvelles personnes et qui aime explorer différents endroits, augmente ses chances de continuer à avoir une bonne vie sans vous. Jouez sur les probabilités et peut-être, juste peut-être, pourrez-vous sauver la vie de votre chien même si vous n'êtes pas là.

Préparations positives

J'ai mentionné que l'exploration du monde doit être une expérience positive, et vous pouvez y parvenir de plusieurs façons. Ne précipitez pas votre chiot dans des situations. Dans une certaine mesure, laissez-le trouver son chemin. Vous devez également vous rappeler que les Bergers Allemands, même les chiots, perçoivent ce que vous ressentez. Si vous êtes tendu, ils se tendront aussi. Essayez donc de vous détendre et prenez votre temps. Mettre votre chiot sur un programme de socialisation strict pourrait faire plus de mal que de bien. Vous voulez sortir votre chiot de sa zone de confort, mais progressivement. Si vous créez de la peur chez votre Berger Allemand, vous reculez. Une autre façon de privilégier le positif est d'être généreux avec les friandises lorsque vous êtes en déplacement. Si Médor adore les petits morceaux de patate douce, assurez-vous d'en avoir dans votre poche avant votre prochaine expédition de découverte du monde.

Après avoir gardé votre Berger Allemand à la maison pendant une ou deux semaines et qu'il a eu le temps de s'habituer aux nouveaux visages et à une partie de la routine que sa vie aura, il est temps de commencer à le socialiser sérieusement. Vous pouvez élargir son cercle de connaissances à la famille élargie, aux amis et aux voisins. L'une des meilleures décisions que nous ayons jamais prises a été de présenter notre voisin à Cody lorsque le chiot est arrivé à la maison. Notre voisin est maintenant tellement à l'aise avec notre chien qu'il s'occupe de Cody quand nous sommes absents. C'est vraiment le meilleur des deux mondes pour vous et votre Berger Allemand si des personnes proches de vous peuvent aider à s'occuper du chien en cas de besoin. Un processus de création de liens intense se produit pendant cette période précoce. C'est à ce moment que votre Berger Allemand apprend à vous faire confiance et que vous commencez à avoir foi en lui.

Mon conseil

➢ Afin de consolider le processus de création de liens pendant cette période de socialisation, voici quelques interdictions. Ne faites jamais peur à votre chiot « juste pour s'amuser ». Ne taquinez jamais votre chien en « plaisantant ». Enfin, et surtout, ne frappez jamais votre Berger Allemand juste « pour lui donner une leçon ». Les Bergers Allemands ont besoin de savoir que vous êtes une présence constante, fiable et positive dans leur vie. Vous êtes tout leur monde, alors ne le rendez pas mauvais.

Vous devrez attendre que le programme de vaccination initial de votre chiot soit terminé et qu'il ait développé son immunité avant d'élargir vos horizons à une exposition totale, mais n'attendez pas pour commencer le processus de socialisation. Commencez lentement, mais une fois les vaccins terminés, les possibilités sont illimitées. Abordons maintenant quelques interactions spécifiques dont votre chiot a besoin.

Comportement canin

Il est crucial de permettre à votre chiot Berger Allemand de rencontrer et de s'associer avec d'autres chiens. Vous et lui ferez de la socialisation en cours pour chiots, mais il est également important que les chiots rencontrent des chiens plus âgés pour poursuivre leur courbe d'apprentissage. Votre Berger Allemand aura reçu certaines bases sociales durant ses huit premières semaines de vie de la part de sa mère et sans doute de ses frères et sœurs de portée. Cependant, pour qu'il devienne un membre à part entière de la

Crédit photo : Colleen O'Connor

société, il a besoin de modèles adultes. Beaucoup de gens frémissent à l'idée des parcs canins pour leur petit bébé, mais c'est vraiment là que vous trouverez un échantillon représentatif de la société canine.

Toute la bande est là

- Les brutes qui ne peuvent pas accepter un refus sont toujours stationnées au parc.
- Les peureux qui tremblent à tous les aboiements sont là.
- Les petits chiens qui se croient hauts de trois mètres paradent là-bas.
- Les mecs cools qui ne sont là que pour renifler, et peut-être boire un peu d'eau, traînent ici.
- Le chien hippie décontracté avec son bandana et son sourire niais sur le visage ne manquera pas de se montrer.
- Les grands gaillards qui se contentent de rester debout sans faire grand-chose à part baver sont généralement présents.

Avec un tel mélange de personnalités, vous devrez être prudent en présentant le petit Médor à cet environnement mouvementé. Au moment où vous et votre Berger Allemand ferez votre apparition au parc local, vous

Crédit photo :
Sherry Schuessler
schuesslerstudios.com

devez avoir au moins un certain contrôle sur votre chiot. Avoir un rappel fiable, venir quand on l'appelle, est une exigence car être en laisse dans le parc canin n'est pas une bonne idée. Être le seul chien en laisse au parc, c'est comme un boxeur ayant une main attachée dans le dos. Axel a besoin de mobilité pour se déplacer et éventuellement se sortir de situations délicates.

Jouer avec les grands chiens

« Surveillez toutes les interactions les premières semaines. Si les jeux deviennent trop agressifs, séparez-les et calmez-les. Lors d'interactions avec un chien adulte, ne laissez pas l'adulte dominer ou «plaquer» le chiot. Cela peut créer un comportement agressif envers les autres chiens chez votre nouveau chiot. »

November Holley
Harrison K-9

Avant d'emmener votre Berger Allemand traîner avec les grands chiens, un peu de connaissances préalables s'impose. Quel est le meilleur moment pour emmener un novice au parc canin ? Probablement le moment le plus calme possible, donc au début, évitez les week-ends, les soirées et les premières heures du matin. Le parc canin n'est pas un substitut à d'autres exercices, alors assurez-vous que votre chiot a fait de l'exercice avant la sortie au parc. Cela atténuera son énergie et le rendra un peu plus civilisé une fois que la porte du parc s'ouvrira. Bon, nous y voilà, vous êtes au parc canin. Sortez votre liste mentale.

- Gardez la visite courte. Pas plus de quinze minutes, voire moins si vous sentez que votre Berger Allemand est trop anxieux.

- Enlevez la laisse. Les chiens attachés peuvent être extrêmement défensifs et les chiens sans laisse peuvent être agressifs avec ceux en laisse.

- Je ne recommande pas les jouets ou les friandises au parc canin. Ça peut juste créer des disputes.

- Ramassez les déjections de votre animal. La plupart des parcs fournissent des sacs en plastique et des poubelles pour l'élimination, mais apportez vos propres sacs au cas où.

- Gardez toujours un œil sur votre Berger Allemand. Ce n'est pas parce que votre chien est bien élevé que tout le monde l'est, et si des problèmes surviennent, vous voulez les arrêter avant que quelqu'un ne soit blessé.

D'après mon expérience, la plupart des chiens plus âgés seront indulgents avec les chiots, mais si le jeune est trop énergique ou ne respecte pas les limites, les grands vont le remettre à sa place. Cela fait partie du processus de maturation et de compréhension des règles. Vous devez vous assurer que pendant votre excursion, rien de fâcheux ne se produit, alors restez vigilant. Encore une fois, d'après mon expérience, la plupart des Bergers Allemands apprécient les parcs canins mais ne veulent pas nécessairement jouer avec d'autres chiens. Cody s'amuse bien mais affiche une certaine distance et aucun autre chien ne l'a vraiment dérangé.

Animaux et hiérarchie

Ramener un chiot Berger Allemand à la maison et s'attendre à ce qu'il s'entende avec un chien déjà établi et confortable, et peut-être un chat au tempérament difficile, sans réfléchir à ce scénario, c'est chercher les ennuis. Voici comment éviter de compliquer votre vie et peut-être une grosse facture vétérinaire.

Le vétéran

Votre chien plus âgé a eu la maison pour lui tout seul. Pour autant qu'il soit concerné, c'est « son » territoire, donc lorsque vous introduisez votre chiot dans l'équation, c'est une sorte d'invasion de domicile. Vous devez simplement faire de votre mieux pour vous assurer que votre vétéran accueille le petit envahisseur en remuant la queue. Si ce premier est un Berger Allemand plus âgé, ils peuvent être extrêmement protecteurs de leur territoire, donc vous voulez vous assurer que les premières présentations sont brèves et, surtout, non menaçantes pour les deux chiens. Initialement, cela signifie un terrain neutre. La première rencontre devrait avoir lieu à l'extérieur ; ce pourrait être sur le trottoir en bas de la rue, au parc local, n'importe lieu que votre vétéran ne revendique pas comme son propre territoire.

- Vous devrez tenir les deux chiens en laisse souple. Le contrôle est important, mais les chiens doivent avoir la possibilité de se renifler et de se déplacer.

- L'odorat est primordial pour les chiens et chaque odeur entre dans leur banque de mémoire. Vous voulez que votre vétéran reconnaisse l'odeur du chiot pour la prochaine fois.

- Rappelez-vous, les chiens ressentent ce que vous ressentez, alors respirez profondément et calmez-vous.

- Si votre chiot Berger Allemand est trop excité, éloignez-vous et ramenez-le après quelques minutes. Vous pourriez essayer une courte promenade pour que les chiens aient une chance de dépenser de l'énergie. Vous pourrez très vite voir comment le nouveau venu est perçu par le vétéran.

La chose la plus importante dans cet exercice de construction de relation est de laisser les animaux établir leur propre dynamique. Le chien plus âgé sera dominant, et il ne devrait pas être corrigé s'il doit remettre le petit nouveau à sa place. Vous pourriez entendre un grognement et peut-être même un ou deux claquements de dents, et c'est certainement quelque chose à surveiller, mais cela peut être une interaction parfaitement normale entre un chien établi et un chiot qui enfreint inconsciemment les règles. Si la première rencontre s'est bien passée, l'étape suivante serait de faire passer un peu de temps aux deux chiens dans votre jardin. Avant d'entrer dans la maison, assurez-vous d'y emmener d'abord votre Berger Allemand pour qu'il s'habitue aux vues et aux odeurs intérieures. À chaque rencontre, votre vétéran et le nouveau peuvent passer plus de temps en compagnie l'un de l'autre, mais vous devez toujours rester vigilant. Les Bergers Allemands et les autres chiens peuvent être fiables, mais leur comportement n'est jamais garanti à cent pour cent.

Les chats

Comprendre l'instinct de prédation est important quand il s'agit des Bergers Allemands et des chats. Les Bergers Allemands aiment poursuivre des choses. C'est dans leurs gènes, remontant à Max von Stephanitz et à la garde des moutons. Les Bergers Allemands auront des degrés variables d'instinct de prédation, mais cela se déclenche inévitablement à pleine puissance quand quelque chose de petit passe en courant. Comme un chat. Les jeunes chiots Bergers Allemands n'ont pas les moyens de faire beaucoup de dégâts à Minou, mais à moins que leur comportement ne soit modifié tôt en ce qui concerne le félin, cela pourrait devenir un problème plus tard. Nous devons donc enseigner au chiot que Minou n'est pas une proie et que vous aimeriez beaucoup qu'ils soient amis et confidents. D'accord, peut-être pas confidents.

Avant que Médor ne pose les yeux sur Minou, la meilleure introduction pour les deux devrait être olfactive. C'est vraiment un test d'odeur. Je soulignerais qu'il est important que les deux animaux finissent par se rencontrer dans l'environnement où ils coexisteront, donc pour cet exercice, je suppose que nous avons un chat d'intérieur. Laissez votre chiot Berger Allemand s'habituer à l'odeur du chat avant une introduction physique. Le premier face-à-face pourrait se faire avec le chiot dans sa cage et Minou libre d'explorer en toute sécurité. Cela pourrait être avec les deux animaux dans la pièce, Médor en laisse. Tout mouvement vers le chat au début devrait être accueilli par un ferme « non » et c'est un bon moment pour travailler à renforcer l'ordre « assis ».

Comme vous pouvez l'imaginer, garder les choses sous contrôle est primordial. Il existe une théorie selon laquelle les chats peuvent sentir quand les chiots/chiens sont sous contrôle et ils seront plus susceptibles de s'engager s'ils sentent que c'est sûr de le faire. Si Minou et Médor peuvent devenir amis, c'est formidable, mais au moins ils devraient apprendre à se tolérer. Nous verrons quelques commandements pour Médor au chapitre 12, mais l'un de mes commandements les plus utilisés avec mon Berger de cinq ans, Cody, est « laisse ». Celui-là est très applicable pour éventuellement sauver la vie de Minou et/ou la vue de votre Berger si la situation dégénère. Selon le type de relation que vous voyez se développer, des rencontres face à face soigneusement surveillées peuvent avoir lieu, Minou ayant toujours une voie d'évacuation évidente. Les chats sont toujours une carte joker, donc rien n'est certain dans la relation félin-canin.

Enchanté de vous rencontrer

Les chiens et les enfants semblent aller de pair, n'est-ce pas ? Les Bergers Allemands correctement socialisés sont généralement très bons avec les enfants, mais il y a une chose à garder à l'esprit concernant cette race particulière. Ils ont beaucoup d'énergie (je le pense sincèrement) et ils se comportent comme des chiots pendant très longtemps. Mon Berger Allemand de cinq ans ne commence que maintenant à se calmer un peu, donc en essence, ça a été une enfance de cinq ans. Je souligne ce point parce qu'ils peuvent s'exciter et se surstimulés assez facilement, et à moins qu'ils ne soient surveillés de près dans leurs interactions avec les enfants, cela peut conduire à un comportement problématique.

Mon conseil

➢ Mélanger les tout-petits et les Bergers Allemands peut être un défi particulier. D'après mon expérience, les tout-petits veulent s'accrocher partout sur le chien et les Bergers Allemands, n'étant pas conscients de leur propre taille et force, peuvent facilement renverser l'enfant involontairement. Une vigilance particulière est requise avec les petites personnes et votre chiot Berger Allemand.

Il y a deux catégories d'enfants comme nous le savons tous. Vos propres petits chéris bien élevés et les enfants de tout le monde. Traitons d'abord de l'interaction entre le Berger Allemand et votre famille.

Votre meilleur ami

Voir un chiot Berger Allemand grandir avec vos enfants peut être une excellente expérience pour tous les concernés. Ils ont suffisamment d'énergie pour égaler l'endurance de n'importe quel enfant. Ils sont incroyablement intelligents et sont facilement éduqués pour une variété de modes de vie. Ils sont protecteurs envers leur famille et veulent toujours faire plaisir. Ils demandent beaucoup d'attention, donc plus il y a de personnes disponibles pour aider à occuper cet esprit canin vif, mieux c'est. Mais comme dans toutes les situations, quelques directives pour la maison ne feront pas de mal. Plus tôt elles deviennent des règles de la maison, mieux c'est.

NE PAS torturer le chiot. Ne frappez pas votre nouveau membre de la famille, ne lui donnez pas de coups de pied, ne tirez pas sur sa queue.

CARESSEZ-le correctement, de la tête à la queue. Les chiots Bergers Allemands et les chiens adultes adorent le contact humain, mais de manière respectueuse.

NE PAS chahuter. Cela s'adresse à vous ! C'est à ce moment-là que les enfants et les chiots se blessent.

JOUEZ à rapporter. Pour un petit moment. Les chiots ont besoin de dépenser de l'énergie, et c'est aussi l'occasion de pratiquer des ordres comme « lâche » et « assis ».

NE PAS déranger votre Berger Allemand dans sa cage. C'est son espace et son refuge.

LAISSEZ dormir les chiens qui dorment. Votre chiot a besoin de repos et ne devrait pas être dérangé pendant la sieste.

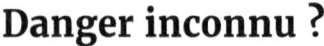

Crédit photo : Haley Belliveau

NE PAS donner à votre Berger Allemand de la nourriture humaine. Même le plus petit morceau peut finir par faire désordre sur le tapis du salon.

Laisser le chiot seul aux heures de repas. Certains chiens sont déjà difficiles à nourrir et n'ont pas besoin de distractions.

NE PAS prendre les jouets du chiot. Tout le monde aime ses jouets et Médor aussi, alors laissez-les-lui.

Danger inconnu ?

« Si vous êtes calme à propos de quelque chose, le chiot le sera aussi. S'il sursaute et que vous le câlinez, il va penser que sursauter est une bonne chose parce que cela lui attire de l'attention. Ne le dorlotez pas. Il n'y a rien de pire qu'un Berger adulte craintif et vif, et c'est totalement évitable. »

Rebecca Dickson
GretchAnya Bergers Allemands

L'une des caractéristiques du Berger Allemand est qu'ils sont généralement méfiants envers les inconnus. Quand un Berger Allemand adulte laisse échapper ce grondement profond et que les poils se dressent sur son dos, faisant paraître l'animal imposant plus grand qu'il ne l'est déjà, cela peut être une vision incroyablement intimidante. Ce comportement, croyez-le ou non, fait partie de leur ADN. Rappelez-vous leur passé de bergers, gardant le troupeau et repoussant le danger. Bien que les moutons soient maintenant hors de l'équation, et que le danger ne fasse pas autant partie de nos vies, l'impulsion génétique demeure. « C'est super », dites-vous, « mais comment puis-je empêcher mon chiot Berger Allemand de s'attirer des ennuis quand un inconnu se présente ? »

Eh bien, l'introduction de votre chiot Berger Allemand à un inconnu est une voie à double sens. Le chiot doit savoir quel comportement on attend de lui, mais l'inconnu aussi, qu'il soit adulte ou enfant.

Directives pour les inconnus

1. Renforcement positif. Vous voulez que votre Berger Allemand apprenne que les invités sont bons et qu'une certaine quantité de plaisir accompagne une visite. Les invités qui distribuent une friandise ou deux peuvent avoir l'avantage, et peuvent en fait garder leur main. C'est un peu d'humour pour ceux qui viennent de nous rejoindre.

2. Bref contact visuel. Ne fixez pas le chien. C'est impoli de fixer dans toutes les circonstances, mais un contact visuel prolongé avec un Berger Allemand que vous ne connaissez pas peut être interprété comme un défi que vous ne voulez pas lancer.

3. Pas de mouvements brusques. Si votre invité devient nerveux et commence à agiter ses bras, cela peut être perçu comme une invitation pour le chien à faire une inspection plus approfondie.

4. Pas de voix fortes ou de cris. Rappelez-vous, un Berger Allemand perçoit les émotions et les humeurs et réagit en conséquence. Voix douces.

5. Laissez le chien venir à vous. Je suggère de faire un poing et de laisser votre main à vos côtés pour que le chien la sente initialement.

6. Même si le chien semble relativement amical, ne le caressez pas sur la tête. Sur les épaules ou le long du dos est plus confortable pour le Berger Allemand.

7. Si vous pouvez l'organiser, pas de sonnettes ou de coups forts à la porte. Ce sont des choses qui semblent agiter la plupart des chiens.

Directives pour le chiot

1. Contrôlez le chien. Si vous rencontrez l'inconnu à l'extérieur, dites au Berger Allemand quand il est approprié d'approcher la personne. J'ai toujours une laisse avec moi mais ne l'utilise que si c'est absolument nécessaire pour maintenir le contrôle. Vous pouvez utiliser les ordres « assis » et « reste » pour donner des directives au chiot.

2. Si vos invités sont attendus, assurez-vous que votre chiot a fait suffisamment d'exercice pour que, lorsqu'ils arrivent, Médor soit moins susceptible d'avoir de l'énergie à dépenser, courant en cercles autour de vos invités et sautant sur eux.

3. L'approche friandise/renforcement positif fonctionne aussi pour vous. Si votre Berger Allemand est motivé par les friandises, vous pouvez

le récompenser pour vous avoir écouté et être resté sous contrôle. N'oubliez pas les éloges verbaux. Certains Bergers Allemands les valorisent par-dessus tout.

4. Rappelez-vous que vous devez être calme pour que cela soit transmis à votre chien.

Mon conseil

➢ J'ai toujours trouvé que confiné un chien lors de rencontres avec des inconnus est problématique. Si vous pouvez éviter de mettre votre Berger Allemand en laisse, éviter de le mettre en cage ou de le garder dans une pièce séparée de vos invités, c'est une meilleure situation de socialisation pour lui. Comme toujours, vous connaissez votre chien mieux que quiconque, alors surveillez les signes d'agitation ou de peur. Si le chien ne s'adapte pas à la situation, vous devez l'en retirer.

Tout ce chapitre a été axé sur la façon de faire de votre chiot Berger Allemand un citoyen social bien équilibré. Cela signifie l'exposer à autant de choses et d'expériences que possible, donc avant de laisser l'animal social derrière nous, je voulais juste vous donner quelques idées supplémentaires sur la façon d'aider votre Berger Allemand à monter l'échelle de la socialisation.

• Une façon facile et non menaçante de donner à votre chiot de l'exposition est de l'emmener dans un endroit où vous pouvez peut-être vous asseoir sur un banc et regarder l'action. Les gens viendront na-

Crédit photo :
William Chilton

turellement vers vous et voudront parler de chiens ; les enfants voudront caresser le chiot.

- Exposer le chien à un assortiment de bruits est un objectif à atteindre. Passez près des zones de construction, des skateparks, des terrains de jeux, des patinoires, des sentiers de randonnée, des aéroports.

- Les parcs canins, mais initialement seulement de l'extérieur de la clôture où il peut regarder l'action sans être intimidé par celle-ci.

- Allez dans des endroits où votre chiot Berger Allemand peut voir d'autres animaux, pas seulement des chiens mais des animaux de ferme si possible, comme des chevaux et des vaches.

- Les trajets en voiture sont des excursions qui feront partie de la vie quotidienne de votre chien plus tard, donc l'habituer à monter dans la voiture familiale et à partir aussi tôt que possible sera bénéfique pour tout le monde. Le mal des transports est un aspect de ces excursions que de nombreux propriétaires de Bergers Allemands doivent gérer. Plus d'informations à ce sujet au chapitre 15.

Dans le prochain chapitre, nous traiterons du bon et du mauvais côté de la mentalité de meute. Nous répondrons également à la question posée dans de nombreux foyers : « Pourquoi ne pouvons-nous pas tous simplement nous entendre ? »

CHAPITRE 9
Gérer les Conflits

Dans ce chapitre, nous allons aborder les différentes relations que vous pourriez rencontrer lorsque vous accueillez un chiot Berger Allemand, ou deux, chez vous. Mais d'abord, nous allons examiner quelques théories qui ont chacune leurs fervents défenseurs. Rappelez-vous ce que je vous ai dit dans mon introduction : je ne suis pas éducateur canin. Je n'ai pas mené d'études théoriques sur les meutes de loups pour examiner leur hiérarchie et déterminer dans quelle mesure l'héritage des loups peut se retrouver dans les groupes de chiens. Donc, s'il y a une quelconque controverse ici, je n'en suis pas responsable. Vous devrez choisir votre propre voie dans ce domaine. Ce que je vais faire, c'est vous présenter différentes écoles de pensée, puis vous raconter ce que j'ai observé dans la vie réelle.

Crédit photo :
Anat Levi Hudaev
Photos par Hanna Sheleg

La mentalité de meute

La théorie de la meute suggère que les loups vivent dans une hiérarchie sociale où les animaux alpha (un mâle et une femelle) contrôlent essentiellement les autres membres de la meute. Cette théorie de la dominance suggère que les chiens, ayant probablement évolué à partir des loups, suivent une organisation similaire. Tout comportement indésirable dans le groupe, comme un conflit résultant d'une agression, serait simplement un animal essayant de monter en grade, cherchant en essence à devenir l'animal alpha. Dans cette école d'éducation canine, tout comportement « agressif », même un chien tentant de passer le premier par la porte, doit être énergiquement corrigé pour montrer que les humains sont alpha et qu'ils passent toujours en premier. Les chiens attendent. Certains « spécialistes » du chien ont suggéré que cette théorie de la hiérarchie est également transférable à votre foyer, où la meute se compose de vous, votre famille humaine, et du nombre de chiens qui franchissent votre seuil. En ce qui concerne les canidés, la théorie de la meute dicte que vous devez vous établir comme l'alpha et vous assurer que tout ce que vous faites renforce cet ordre social. La façon dont vous vous comportez avec votre partenaire et vos enfants est une tout autre question.

Remise en question de la théorie de la meute

À l'opposé de cette vision, certains spécialistes du chien estiment que la théorie de la meute est un concept erroné, issu de recherches menées sur des loups captifs vivant dans un environnement artificiel. Cette école d'éducation par renforcement positif croit que les chiens répondent mieux à un apprentissage qui récompense les comportements positifs, ceux que vous souhaitez qu'ils adoptent, et ignore les comportements négatifs, ceux que vous voulez qu'ils oublient. Alors, sortez les friandises, les félicitations et le frisbee.

Le monde réel

Ce que j'ai constaté dans le monde réel des chiens et du comportement, c'est ceci : certaines techniques d'éducation fonctionnent avec certains Bergers Allemands et d'autres non. « Pourquoi ? » demandez-vous. Ce n'est pas vraiment mathématique. Chaque chien a sa propre personnalité et peut être introverti ou une boule poils exubérante qui veut simplement faire la fête. Certains chiens ne répondent qu'à une voix forte ou

Crédit photo : Jenny Bowden

Crédit photo :
George Haslam

à une correction physique quelconque. Par là, je ne veux pas dire frapper le chien, mais cela pourrait ressembler à ceci.

Cody et la coprophilie

Quand mon Berger Allemand, Cody, était un jeune chiot, il s'adonnait à une activité qui déconcerte et dégoûte de nombreux propriétaires de chiens. Il était fasciné par ses propres excréments. Tellement absorbé par cela (j'utilise ce mot intentionnellement), qu'il mangeait ses propres crottes. À cette époque peu éclairée, je lui disais non, et peut-être lui tenais-je le museau près d'un tas fumant en lui répétant non, encore et encore. Cela n'a pas fonctionné.

Un jour, un éducateur canin est venu à la maison et je lui ai expliqué à quel point j'étais perplexe face à la fascination fécale de Cody. Mark, l'éducateur, m'a expliqué que je devrais essayer cette technique chaque fois que Cody effectuait son inspection de crottes. Il m'a conseillé de me tenir très près de lui et, lorsqu'il baissait le museau pour examiner ses excréments, de prendre trois doigts raides et de le piquer légèrement sur le côté en disant non. La théorie était que cette pichenette serait une distraction pour lui, une sorte de remise à zéro, et bien sûr le mot « non » renforcerait l'idée de laisser ses excréments tranquilles. Eh bien, j'ai passé beaucoup trop de temps à me tenir très près des crottes de chien, mais vous savez quoi ? Finalement, Cody a abandonné cette habitude. A-t-il été blessé dans le processus ? Peut-être son orgueil, quand il n'a pas été autorisé à poursuivre son activité puérile, mais à part cela, il a appris à s'éloigner après avoir fait ses besoins.

Le monde réel : partie 2

De retour dans le monde réel, j'ai constaté que des éléments de la théorie de la meute fonctionnent et s'appliquent à ma vie quotidienne avec un Berger Allemand têtu, et que la plupart des approches de renforcement positif peuvent être utilisées régulièrement. Chaque Berger Allemand est un puzzle complexe que vous seul prendrez le temps de résoudre. Vous ne le résoudrez peut-être jamais complètement. C'est acceptable aussi, tant que vous faites l'effort permanent de continuer à essayer. La difficulté dans la relation humain-Berger Allemand, c'est qu'ils vous comprennent bien avant que vous n'ayez une idée de ce qui les motive.

Maintenant que nous avons abordé certaines controverses dans le monde de l'éducation canine, passons à autre chose. J'ai mentionné le comportement agressif au début de ce chapitre. Tout le monde y est confronté à un degré ou un autre, surtout s'il y a d'autres chiens à la maison. Examinons comment apaiser l'animosité et maintenir les choses aussi tranquilles que possible à la maison.

Double problème ?

Il est tentant d'envisager d'accueillir deux chiots Bergers Allemands de la même portée. Ou même deux Bergers Allemands sans lien de parenté. Ils se tiendront compagnie quand vous ne serez pas là. Les enfants auront chacun leur propre chien. Nous aimons les chiens, nous avons toujours voulu en avoir plus d'un. C'est la vision idéalisée de l'adoption de plus d'un chiot. Soyons plus pragmatiques. Considérez ces points :

1. Le coût. Je ne parle pas des dépenses initiales d'achat et d'installa-
   tion. Je fais référence à votre temps, à l'éducation qu'ils nécessiter-

ont, et au fait qu'ils devraient être socialisés séparément autant que possible. C'est pour leur bénéfice mutuel, afin qu'ils puissent devenir confiants par eux-mêmes et ne pas devenir dépendants l'un de l'autre.

2. De nombreux éducateurs canins suggèrent que les chiots devraient être promenés individuellement, dormir séparément, manger séparément, et n'avoir que quelques moments de jeu prédéfinis ensemble pendant la journée. Est-ce faisable dans votre situation ?

3. Nous parlons ici de chiots Bergers Allemands. Un seul chiot nécessite déjà une immense quantité de dévouement et d'engagement de la part des propriétaires. Je me souviens d'une conversation tardive avec ma femme où elle était fermement décidée à renvoyer notre Berger Allemand à l'éleveur parce qu'il était trop difficile à gérer. Nous avons surmonté cet obstacle, mais croyez-moi, un seul chiot représente déjà un défi.

Si vous avez réfléchi à ces questions et n'avez aucune hésitation à aller de l'avant en acceuillant deux chiots, je vous dis bravo. Voici d'autres éléments à considérer avant de verser votre acompte pour ces frères et sœurs et de dire adieu à tout temps libre.

- Assurez-vous que les deux chiots ne passent pas tellement de temps ensemble qu'ils développent un lien primaire entre eux. Si cela se produit, cela peut interférer avec leur éducation et leur socialisation plus large. Ils pourraient simplement cesser de vous écouter.

- L'anxiété de séparation pourrait être un problème malgré vos meilleurs efforts. Restez attentif aux premiers signes de ce phénomène, ce qui pourrait signifier que la solution est encore moins de temps ensemble.

- Si vos horaires de travail et ceux de votre partenaire impliquent que vous serez tous les deux absents de la maison pendant une bonne partie de la journée, deux Bergers Allemands ne sont pas une bonne idée. Vous ne pourrez pas assurer la surveillance nécessaire pour éviter que Médor et Rex ne fassent des bêtises.

- Particulièrement pendant la période d'apprentissage de la propreté, vous ne pourrez pas tout faire vous-même. Votre partenaire et les enfants devront jouer un rôle majeur pendant cette période.

- Des recherches montrent que les bagarres et l'agressivité entre frères et sœurs de la même portée peuvent être plus importantes qu'entre chiens sans lien de parenté. Cela peut compliquer la socialisation car le frère ou la sœur tolère un comportement qu'aucun chien étranger qui se respecte n'accepterait.

Qui a lâché les chiens ?

Il y a une dispute permanente à la maison. Un membre de la famille est continuellement en conflit avec quelqu'un d'autre et ils ne veulent pas se calmer. C'est comme s'ils étaient programmés pour se taper sur les nerfs. Mais il ne s'agit pas d'enfants humains, où chacun peut être mis au coin pour se calmer. Ce sont des frères canins qui ne peuvent pas s'entendre, et si l'un d'eux est un Berger Allemand, même un grand chiot peut causer beaucoup de dégâts dans une mêlée générale.

Dans le chapitre précédent, nous avons abordé la façon de présenter votre nouveau chiot Berger Allemand au chien déjà présent dans le foyer. Mais que faire si cela ne semble pas fonctionner ? S'ils ne parviennent tout simplement pas à s'entendre ? Quand j'étais enfant, mes parents avaient un Border Collie et un Boxer pendant un certain temps. Je me souviens de ma mère essayant de séparer les bagarres de chiens avec une chaise et un balai. L'altercation avait généralement lieu à l'heure des repas. Duke, le nouveau Boxer, finissait invariablement son repas en premier et se dirigeait ensuite vers la gamelle du Collie. Lassie n'acceptait pas cela et les grognements et les claquements de mâchoires commençaient. Après quelques énormes bagarres, ma mère a réalisé que les deux chiens ne pouvaient tout simplement pas être nourris en même temps au même endroit. Ma mère ne le savait pas à l'époque, mais lorsqu'elle a cessé de nourrir les chiens ensemble, elle éliminait l'un des « facteurs de stress » dans la relation canine. Alors, plongeons un peu plus profondément dans la situation de rivalité fraternelle.

Changer d'approche

Vous savez que si la situation actuelle ne fonctionne pas, vous devez changer d'approche. La partie la plus difficile de la modification de votre situation canine à la maison est de déterminer quels sont les points de friction spécifiques. La deuxième partie la plus difficile est de trouver comment changer les choses. Tous les chiens ne s'entendront pas à merveille, mais la plupart peuvent être éduqués pour vivre ensemble.

- Bilan de santé. Votre Berger Allemand est probablement en assez bonne santé parce que vous l'avez emmené régulièrement chez le vétérinaire pour des vaccins et des contrôles. C'est une bonne idée d'emmener le chien plus âgé pour un examen général juste pour s'assurer qu'aucune condition médicale ne cause l'agressivité.

- Identifiez tous les facteurs de stress qui pourraient conduire aux bagarres de chiens. Ces déclencheurs d'agression peuvent aller de la nourriture et des jouets à la sonnette qui retentit. Ensuite, supprimez ou modifiez ces déclencheurs. Par exemple, notre sonnette est en parfait état de marche, mais nous avons mis du ruban adhésif dessus pour que personne ne l'utilise.

- Si vous croyez vraiment que votre chien senior est stressé par le Berger Allemand, vous devrez peut-être faire appel à un éducateur spécialisé dans la modification positive du comportement. C'est possible, mais cela demande de la planification et du temps. L'aide professionnelle peut être salvatrice.

- Après avoir consulté un professionnel, il se peut que vos deux chiens ne puissent pas continuer à vivre dans la même maison. Si vous devez avoir un « enfant unique », prenez le temps de trouver la bonne famille pour accueillir votre autre animal dans leur vie. C'est une décision difficile, mais la sécurité de vos chiens est primordiale, ce qui signifie que vous devez faire ce qui est juste.

Une autre chose importante à retenir est que l'agressivité du chien vétéran envers votre Berger Allemand peut ne pas être basée sur une seule chose. Tout comme lorsque les humains perdent leur sang-froid, pour les chiens, ce n'est souvent pas ce qui vient de se passer, mais un ensemble de choses menant aux grognements et aux claquements de mâchoires qui a fait franchir au chien le pas de la morsure. Éliminer lentement les déclencheurs d'agression possibles un par un peut remettre les choses d'aplomb.

Mon conseil

> Augmentez la quantité d'exercice pour les deux chiens. Cela peut aider à atténuer leurs comportements. Les chiots fatigués seront moins enclins à se chercher mutuellement.

Ce conseil est la transition parfaite vers le prochain chapitre. Vous ne voulez pas d'un chien qui reste vautré sur le canapé toute la journée. Certaines études estiment que le pourcentage de chiens obèses aux États-Unis dépasse les cinquante pour cent, et la tendance gagne aussi en France. Si vous commencez le mode de vie de votre chien sur les bonnes quatre pattes, vous ne devriez pas avoir à vous inquiéter qu'il devienne l'une de ces statistiques de poids lourd.

CHAPITRE 10

Trouver le bon rythme d'activité physique

Crédit photo :
Jamie St. Martin

Les Bergers Allemands ont été sélectionnés pour avoir de l'énergie. Beaucoup d'énergie. Il existe une vieille plaisanterie parmi les propriétaires de Bergers Allemands. La bonne nouvelle, c'est que vous êtes l'heureux propriétaire d'un Berger Allemand. La mauvaise nouvelle, c'est que vous allez devoir le faire courir... tous les jours. En réalité, ce n'est pas vraiment une mauvaise nouvelle, mais vous allez découvrir que c'est définitivement plus un marathon qu'un sprint. La meilleure façon de répondre aux exigences insatiables d'exercice de votre chien est d'établir un programme, de rester fidèle à ce calendrier, et de toujours vous assurer que Rex soit fatigué à la fin de la journée. Votre approche pour exercer un chiot Berger Allemand sera complètement différente de celle d'un chien adulte, je vais donc diviser ce chapitre en deux sections. Mais avant d'y arriver, je voudrais mentionner une réalité bien connue dans le petit monde des passionnés de Berger Allemand. Une fois que vous avez un Berger Allemand et que vous commencez à parler avec des éducateurs canins, et à fréquenter les forums sur les réseaux sociaux dédiés aux Bergers Allemands, vous découvrirez qu'il existe au moins deux écoles de pensée sur la façon d'aborder chaque aspect du monde du Berger Allemand. Cela s'applique également à l'exercice de votre chiot. Il y a une école de pensée extrêmement conservatrice, préconisant un peu d'exercice mais rien de très structuré, laissant le chiot dépenser son énergie en courant et peut-être en jouant avec d'autres chiots. L'autre école de pensée affirme que les Bergers Allemands sont des concentrés d'énergie, surtout les chiots, et que nous devrions les aider à dépenser cette énergie afin de les garder relativement civilisés. Mon expérience avec mon propre Berger Allemand et l'observation des autres me place quelque part entre ces deux camps. Disons que je suis un adepte du juste milieu.

Premiers pas

« Les jeunes chiots ne devraient pas faire trop d'exercice — pas plus de 10 à 15 minutes, et ils ne devraient au départ pas aller plus loin que deux maisons ou un pâté de maisons aller-retour. Faire du jogging avec un jeune chien de 12 mois ou moins n'est pas bon pour ses hanches. Les chiots sont en pleine croissance osseuse jusqu'à l'âge de 12 à 13 mois. »

Sharon
Élevage Prétorien

Votre chiot grandit vite. Tout chez le petit Rex se développe à un rythme rapide. Et cela peut poser problème. Trop d'exercice et les mauvais types d'activités peuvent endommager votre chiot Berger Allemand pour la vie. La raison ? C'est à cause de ce qu'on appelle les « cartilages de croissance ». Ils sont situés aux extrémités des os longs des pattes de votre petit chien et sont constitués de cartilage qui se transforme progressivement en os à mesure que Rex grandit. Des exercices trop intenses, des activités avec des impacts comme sauter ou descendre des escaliers, peuvent endommager les cartilages de croissance et laisser un chiot Berger Allemand avec des déformations comme des pattes arquées ou même un développement précoce de dysplasie. Ainsi, jusqu'à ce que les cartilages se ferment et finissent de se développer (ce qui se produit vers l'âge de dix-huit mois), seul un exercice modéré est recommandé. Je suggérerais qu'aucun exercice forcé ne soit inclus dans votre programme pour chiot. Voici mon point de vue sur la question.

- N'encouragez pas les jeux de saut. Surtout pas de sauts en l'air pour attraper des frisbees. Par là, j'entends pas de façon répétitive. De temps en temps, c'est acceptable. Rappelez-vous, j'ai parlé de modération.

- Faites beaucoup de promenades. Les chiots peuvent s'arrêter et renifler à leur propre rythme. Vous pourriez même perdre quelques kilos.

- N'essayez pas de transformer votre chiot en adepte des escaliers. Monter quelques escaliers au cours de la journée est acceptable, mais cela ne doit pas devenir un exercice.

- Jouez souvent à rapporter ou à n'importe quelle version du jeu de rapport que votre chiot peut gérer. Les Bergers Allemands sont fous de balles, vous n'aurez donc aucun mal à les motiver. Les amener à vous rapporter la balle et à la lâcher est une tout autre affaire.

- Ne mettez pas une laisse à votre chiot pour l'emmener faire du jogging ou du vélo. Vous devez donner à votre chien la possibilité de faire des pauses naturelles et de se reposer. Évitez particulièrement les surfaces dures comme le béton lorsque vous faites de l'exercice avec votre chiot Berger Allemand. Le gazon est roi.

- Jouez à des jeux comme cache-cache. Un peu de course, un peu de reniflement, un peu de concentration mentale, on ne peut pas faire mieux. Après quelques minutes de ce jeu, je peux voir les yeux du chiot se fermer et le temps de jeu se transformer en temps de sieste.

Crédit photo :
Eve Dering

- N'exagérez pas la quantité totale d'exercice. Une directive générale que certains éducateurs de Bergers Allemands recommandent est de cinq minutes d'exercice par mois d'âge. Ainsi, un chiot de quatre mois peut faire vingt minutes à la fois, à vous de juger combien de fois par jour vous exercez Médor.

- Voyez s'ils aiment l'eau. Plus tôt un chiot apprend à nager, plus de temps d'exercice peut se faire dans l'eau. Comme pour les humains, c'est un exercice très respectueux du corps pour votre meilleur ami.

Un dernier mot sur les chiots et l'exercice. Ils sont des participants enthousiastes à chaque jeu, chaque promenade, chaque lancer de bâton. La plupart d'entre eux ne savent pas quand s'arrêter et ils courront jusqu'à l'épuisement si vous le permettez. Ne faites pas cela. C'est généralement lorsqu'un chiot a dépassé ses limites qu'il s'attire des ennuis, physiquement et socialement. Vous devriez aussi devenir un maître de la modération.

Crédit photo :
Brian Nainby

Le tournant de l'âge adulte

Lorsque votre Berger Allemand atteint l'âge adulte, vers 18 mois, ses options d'exercice et ses besoins physiques changent considérablement. Il sera toujours plein d'énergie, mais vous pourrez structurer son temps d'exercice pour qu'il coïncide avec le vôtre. Cela peut représenter un véritable gain de temps lorsque vous n'avez pas à prévoir deux périodes d'entraînement différentes. Avant d'aller trop loin sur cette voie, je pense qu'il est important de mentionner une directive que je respecte à la lettre.

Mon conseil

➢ Ne faites pas faire d'exercice à votre Berger Allemand après les repas. Ils peuvent en avoir envie, mais le chien a besoin de temps pour digérer. Les grandes races comme les Bergers Allemands sont sensibles à ce qu'on appelle le syndrome de dilatation-torsion de l'estomac. Cela se produit lorsque l'estomac de l'animal se tord et, si une aide vétérinaire immédiate n'est pas obtenue, cela peut être fatal. Assurez-vous que tout le monde se détende après le repas.

Maintenant que vous avez un Berger Allemand adulte, vous pouvez commencer à tester ses limites et vous assurer qu'à la fin de chaque journée, vous avez un chien fatigué entre vos mains.

- La natation. Les Bergers Allemands adorent l'eau et si vous avez appris à Médor les bases très tôt, il adorera nager pour aller chercher des objets et les rapporter sur la rive. La natation est le meilleur exercice pour les Bergers Allemands de tous âges.

- Randonnée variée. Faire de la randonnée avec votre chien est un bon exercice pour vous deux, mais ce sera plus stimulant mentalement et physiquement pour lui qu'un tour dans le parc du quartier.

- Porter du poids. Pour aider à fatiguer votre Berger Allemand, vous pouvez l'équiper d'un sac à dos avec des objets légers pour commencer. Si vous faites du camping et que votre chien est en bonne condition, il peut vous aider à porter la charge.

- Courir ensemble. Vous avez toutes les raisons d'emmener votre Berger Allemand avec vous lorsque vous reprenez votre routine de jogging. Quand vous n'êtes pas en train de courir, il fait également un bon partenaire de vélo.

- Fanatique du frisbee. Vous pouvez tirer beaucoup de plaisir d'un frisbee. Le disque planant et flottant offre au Berger Allemand des heures infinies de conditionnement et de divertissement.

Crédit photo :
Sherry Schuessler
schuesslerstudios.com

- Jeux d'enfants. N'oubliez pas les passe-temps de chiot. Cache-cache, lancer de balle, surtout avec un lanceur de balle.

- Face à face. Le tir à la corde est un test amical de force qui occupe un certain temps. Utile à l'intérieur par temps de pluie.

- Réfléchir. Les jouets puzzles alimentaires peuvent servir à la fois de repas et de grande stimulation mentale. Pourquoi s'en priver ?

Ce dernier point sur la stimulation mentale m'amène à la partie plus réfléchie de ce chapitre. Votre Berger Allemand peut être aussi fatigué par la stimulation mentale que par n'importe quelle randonnée en montagne. Si vous pouvez vous rendre dans un espace sans laisse, et que vous avez un bon rappel, laissez simplement votre Berger Allemand se promener et renifler. Ses sens seront tellement occupés que vous ne réaliserez même pas à quel point Médor est fatigué jusqu'à ce qu'il s'endorme avant le dîner. Trouver des idées pour stimuler votre Berger Allemand, c'est là que votre propre créativité peut vraiment briller.

Nous avons un grand tonneau en plastique dans notre jardin. Je mets le frisbee de Cody sur le dessus du tonneau retourné, dans le conteneur droit, et sous le tonneau renversé, en alternant. Je fais asseoir Cody à environ cinquante mètres à chaque fois, puis je le libère pour qu'il coure jusqu'au tonneau et récupère son jouet, parfois en se tenant sur ses pattes arrière pour mordre le frisbee sur le dessus, ou parfois en devant pousser le tonneau pour obtenir le frisbee. Il est content d'aller s'allonger quelques minutes après dix minutes d'entraînement au frisbee avec le tonneau.

Une grande partie de la stimulation mentale de votre Berger Allemand viendra de l'éducation à laquelle vous et votre chien consacrez du temps. Coïncidence, c'est ce que nous allons voir dans le prochain chapitre que j'aime appeler « Qui dresse qui ? ».

CHAPITRE 11
Qui dresse qui ?

« Ne perdez jamais patience pendant l'éducation canine. Si votre chien ne comprend pas, c'est parce que le propriétaire commet une erreur dans les fondamentaux de l'apprentissage et a sauté des étapes »

Tracy Berg
vom Haus Berg Bergers Allemands

Crédit photo : Mark Hager

La composante la plus importante du programme d'éducation de votre Berger Allemand, c'est vous. Car votre Berger Allemand est un être naturellement doué ; Médor va assimiler ce qu'il doit apprendre relativement vite. En fait, si vous n'êtes pas vigilant, votre chien prendra progressivement le contrôle. Le maillon faible dans le domaine de l'éducation est généralement l'être humain. Le plus souvent, c'est parce que l'approche manque de cohérence : un peu de ceci, combiné avec un peu de cela, pratiqué de temps en temps, et le tour est joué. Eh bien, pas si vite. Pour rester sur la bonne voie, voici quelques questions que vous devez vous poser avant même de prendre une laisse ou de mettre des friandises dans votre poche.

- Que souhaitez-vous accomplir lors de vos séances d'éducation ?
- Quelles sont vos attentes ?
- Quels sont vos objectifs précis ?
- Combien de temps pouvez-vous y consacrer ?

Même si votre objectif final est d'avoir un animal de compagnie bien éduqué, l'approche globale de l'éducation de votre Berger Allemand ne sera pas très différente de celle de quelqu'un qui souhaite s'engager dans des sports de compétition comme le Schutzhund (aussi appelé IGP), qui se concentre sur le pistage, l'obéissance et le travail de protection. Le point de départ, les bases fondamentales, sont les mêmes. Si vous avez clairement défini vos objectifs et établi un plan, vous et votre chien y parviendrez. Les Bergers Allemands veulent travailler. Le désir d'être occupé est inscrit dans leur ADN. Votre mission est de faire de l'éducation l'une des activités que votre chien adore pratiquer.

Principes pour progresser

- La cohérence. Les Bergers Allemands sont extrêmement intelligents et ils apprennent de nouveaux comportements avec enthousiasme. C'est la partie facile de ce principe. La partie plus difficile consiste à renforcer par la répétition ce qui a été appris jusqu'à ce que ce comportement devienne naturel. Il doit devenir une habitude.

Crédit photo : Cindy Harr

- Le timing est crucial. Si vous pouvez renforcer ou corriger une action immédiatement, au moment où elle se produit, les Bergers Allemands apprendront la leçon sur-le-champ. Être attentif et observateur accélérera considérablement le rythme de votre programme d'éducation.

- La méthode KISS. Keep It Succinct and Simple (Restez Concis et Simple). Les Bergers Allemands ne parlent pas français, donc utiliser une multitude de mots ne les aidera pas. N'utilisez que des mots qui ont un sens, qui représentent l'ordre lui-même.

- Court et réussi. Vos séances doivent être brèves, dix minutes à la fois, et toujours se terminer sur une note positive.

- Patience et félicitations. Combinez ces deux éléments et vous êtes certainement sur la bonne voie. Si un chien ressent de la colère, il se concentre sur cela, donc rester patient est essentiel. Les félicitations sont une récompense ; associer des paroles positives à des caresses et occasionnellement à une friandise pour un meilleur renforcement.

- Évitez la punition. Il n'y a pas de bon moment pour punir votre Berger Allemand, surtout pendant l'éducation. Si votre chien ne vous donne pas le comportement souhaité, prenez du recul et cherchez le problème. Vous n'aurez pas à chercher bien loin.

- Soyez un leader. Prenez les choses en main et montrez à votre Berger Allemand ce que vous voulez qu'il fasse. Certains éducateurs utilisent les termes « alpha » ou « maître » pour indiquer le rôle du propriétaire. Appelez-vous comme vous voulez, mais soyez un leader.

Différentes approches

Beaucoup de personnes éduquent leurs chiens uniquement avec des ordres verbaux, ce qui peut évidemment produire l'effet désiré. Il existe d'autres méthodes, peut-être en complément de l'éducation verbale, que vous pourriez vouloir intégrer à votre programme. Certains éducateurs aiment utiliser des signaux corporels lorsqu'ils travaillent avec leurs Bergers Allemands. Voici pourquoi il pourrait être judicieux d'ajouter des gestes de la main à votre répertoire.

Avantages du langage corporel

- Les signaux manuels sont discrets lorsque vous voulez communiquer avec votre Berger Allemand silencieusement. Ils sont également utiles pour donner des directives à distance.

- Les gestes peuvent maintenir la communication entre les propriétaires et les chiens malentendants. Les chiens plus âgés dont l'ouïe faiblit auront une excuse de moins pour vous ignorer.

- De nombreux sports de compétition canine utilisent des signaux manuels, vous auriez donc une longueur d'avance en commençant tôt avec une approche gestuelle.

- Les signaux manuels peuvent renforcer le lien entre le propriétaire et le chien. Ils obligent le chien à garder constamment les yeux sur son humain, ce que tout éducateur recherche.

- L'utilisation conjointe des ordres verbaux et des signaux manuels peut accélérer l'apprentissage de votre Berger Allemand. C'est parce que les chiens sont naturellement programmés pour guetter les signaux physiques de leur humain.

Si vous n'avez jamais pensé à utiliser des signaux manuels, essayez d'expérimenter avec votre propre chien. Je promène assez souvent mon Berger Allemand, Cody, sans laisse en raison de la propriété rurale où nous vivons. Parfois, lorsque nous sommes sur des sentiers et que nous

arrivons à une bifurcation, il me regarde avant de continuer. Si je fais un geste vers la droite ou la gauche, Cody s'engage dans cette direction. Observer vous et vos mains est naturel pour les Bergers Allemands, donc incorporer quelques signaux manuels dans votre routine quotidienne pourrait aider à son éducation.

L'éducation au clicker

L'utilisation d'un clicker s'inscrit parfaitement dans la stratégie de renforcement positif que j'ai préconisée tout au long de ce livre. Avant d'aborder le fonctionnement du système de clicker, je voudrais revenir brièvement sur la race du Berger Allemand.

Ce que j'ai constaté avec mon propre Berger Allemand et avec d'autres que j'ai connus, c'est qu'il s'agit d'un animal très sensible. Les personnes qui ne sont pas familières avec les Bergers Allemands pourraient dire : « Sensible ? Comment ce grand costaud à l'aboiement intimidant peut-il être sensible ? On dirait qu'il veut m'arracher la jambe. » La plupart du temps, cette impression n'est qu'un stéréotype adopté inconsciemment. Les Bergers prennent à cœur ce que vous leur dites et ce que vous leur faites. Donc, si vous leur criez dessus fréquemment ou si vous avez tendance à les bousculer, avec le temps, ils commenceront à mal réagir à cette discipline négative. Je ne suis pas contre le fait de dire à Cody d'aller se coucher et de prendre un temps mort parce qu'il a décidé de creuser près de son arbuste préféré. Je ne le mettrais jamais dans sa cage pour l'y garder comme punition pour avoir creusé. Au cours de vos journées d'éducation, rappelez-vous que votre Berger Allemand est un chien, mais c'est aussi l'un de vos meilleurs amis. Traitez-le comme vous voudriez être traité.

Mon conseil

Revenons aux aspects positifs de l'éducation au clicker. C'est une technique simple. Pas besoin d'être neurochirurgien pour la maîtriser. De mon point de vue, elle est particulièrement bénéfique lors de l'éducation initiale de vos chiens. Vous pourriez vouloir l'abandonner plus tard au profit des ordres vocaux et des signaux manuels, mais c'est un choix que vous pourrez faire ultérieurement. Voici un aperçu rapide de la façon dont un clicker peut faire de vous un maître en éducation canine. D'accord, c'est un peu exagéré, mais le système fonctionne et aucun animal n'est maltraité pendant le processus.

L'appât du clic

Avec l'éducation au clicker, vous conditionnez votre Berger Allemand à effectuer des tâches en comprenant que lorsqu'elle s'assoit, par exemple, le clicker émettra un son et elle recevra une friandise. L'essentiel est de s'assurer que la récompense est distribuée en même temps que le son du clicker, de sorte que pour le chien, le son et la friandise aient un lien intime. Si vous souhaitez approfondir la psychologie de comment et pourquoi cette approche fonctionne, renseignez-vous sur ces méthodes d'apprentissage :

- Le conditionnement classique. Apprentissage par association comme dans l'expérience du chien salivant de Pavlov

- Le conditionnement opérant. Apprentissage à travers un système de récompenses et de punitions

L'approche personnalisée

Il peut arriver un moment dans votre éducation où vous vous heurtez à un mur. Il peut s'agir de quelque chose de simple, comme apprendre à Médor à marcher correctement en laisse. Pourquoi est-ce que je mentionne cet exemple particulier ? C'est simple. C'est un domaine où j'ai toujours eu des difficultés avec mon chien. Lorsque j'ai constaté que je ne faisais aucun progrès avec la marche en laisse, j'ai décidé de consulter un éducateur canin personnel. Cela peut être une option coûteuse, mais elle est également efficace. Plutôt que de vous frustrer, vous et votre Berger Allemand, il pourrait être utile de vous adresser à quelqu'un avec des idées nouvelles. Si le problème que vous rencontrez est lié au comportement de votre chien, comme mâchouiller ou aboyer, il est important d'agir le plus tôt possible car vous voulez traiter tout problème comportemental pendant que votre chien est relativement jeune, disons dans les douze premiers mois de sa vie.

*Crédit photo :
Colleen Toia*

Vous devrez également vous assurer que l'éducation que vous choisissez est en accord avec votre propre philosophie personnelle. La plupart des éducateurs réputés passeront un temps d'introduction avec vous pour s'assurer que vous êtes sur la même longueur d'onde. Une question importante à poser : « Avez-vous déjà éduqué des Bergers Allemands ? » J'ai vu des éducateurs qui n'ont aucune idée de comment travailler avec un Berger Allemand. Ces personnes ne feront qu'aggraver vos problèmes. Voici un rappel rapide de quelques approches générales disponibles.

Techniques d'éducation à considérer

1. **Le renforcement positif.** Je le place en première position car c'est la technique qui fonctionne le mieux pour moi. Le bon comportement est récompensé ; le comportement non conforme ne reçoit ni récompense ni reconnaissance.

2. **Alpha/Meute.** Dans cette approche, vous êtes l'alpha dans votre relation avec votre Berger Allemand et tout ce que vous faites soutient votre domination. Vous pourriez vouloir mélanger certaines techniques pour obtenir ce qui fonctionne pour vous individuellement. Alpha et renforcement positif peuvent fonctionner ensemble jusqu'à un certain point.

3. **La méthode électronique**. Cela implique l'utilisation de colliers qui délivrent un choc lorsque le chien présente un comportement indésirable. C'est une méthode punitive et je ne la suggérerais qu'en dernier recours, utilisée en consultation avec un éducateur professionnel familier avec ces dispositifs et les répercussions possibles.

Si vous constatez que vous travaillez bien en groupe avec votre Berger Allemand, des cours d'obéissance avancés pourraient également être une solution lorsque vous êtes bloqué dans votre propre éducation. Si vous êtes extrêmement orienté vers les objectifs, vous pourriez envisager de préparer votre chien à l'un des différents tests du Certificat de Sociabilité et d'Aptitude à l'Utilisation (CSAU). Il en existe un bon proposé par la Société Centrale Canine. Ce type d'instruction peut fournir une bonne base pour l'éducation avancée à laquelle participent de nombreux Bergers Allemands.

Maintenant que nous avons couvert certains types d'éducation de base, il est temps de traiter des ordres fondamentaux que chaque Berger Allemand doit connaître. Ce serait plus facile si les chiens venaient avec un ensemble de commandes déjà installé, mais nous n'avons pas encore atteint ce niveau dans le monde de l'éducation canine. Vous devrez être votre propre inventeur sur ce coup-là.

CHAPITRE 12
Obéir aux ordres

« Les Bergers Allemands sont à la fois faciles et difficiles à éduquer. Ils sont intelligents et apprennent rapidement, mais ils trouveront aussi les failles dans votre éducation et les exploiteront. La cohérence est extrêmement importante ; vous devez être aussi clair que possible et établir des limites fermes. Non signifie non, pas 'parfois'. »

Celeste Schmidt
Élevage Dakonic de Bergers Allemands

Je prends ce que j'appelle ma « pilule de patience » chaque matin. Ce n'est pas vraiment une pilule calmante. C'est plutôt un ajustement de mon état d'esprit, généralement fait en contemplant un bol de céréales. Je sais que lorsque je sors avec mon Berger Allemand, Cody, pour travailler les ordres, aussi bon soit-il, j'ai encore besoin de respirer profondément et de me rappeler de garder mon calme et d'être tolérant. Voyez-vous, les chiens veulent faire plaisir et ils essaient avec ardeur, mais ils ne réussissent pas toujours du premier coup, ni du deuxième, ni même du troisième.

Alors, lorsque vous et votre chiot commencez à travailler sur son ensemble d'ordres de base, cela doit se faire avec maîtrise de soi et une certaine retenue de votre part. Et des friandises, ai-je mentionné les friandises ?

Vous pouvez commencer à travailler avec votre chiot Berger Allemand dès que vous le ramenez à la maison, ce qui ne devrait pas être avant l'âge de huit semaines. Quand ils sont si jeunes, l'une des premières choses qu'ils doivent apprendre est leur identité, leur alias, leur nom de chien. Ce n'est pas parce que « Rex » est inscrit sur sa médaille qu'il sait qu'il s'appelle Rex. Tout au long de ce chapitre, nous utiliserons le nom « Rex » pour faire référence à votre nouveau chiot, quel que soit son nom réel.

Reconnaissance du nom

L'une des premières choses dont vous devez vous assurer est que Rex vous regardera toujours quand on le lui demande. Toute sa vie. La façon la plus simple de lui enseigner (comme pour tous les ordres) est l'approche à deux étapes. Prononcez le nom de votre chien, et lorsqu'il lève les yeux vers votre visage plein d'espoir, tapez dans vos mains, dites « ouiiii » ou donnez n'importe quel encouragement physique/verbal que vous souhaitez, puis offrez une friandise de votre poche bien remplie. L'exercice du nom peut être intégré à n'importe quelle autre routine sur laquelle vous travaillez, mais comme pour tous les exercices, n'en faites pas trop. Si Rex ne vous regarde pas quand vous dites son nom, essayez ceci pour raviver sa mémoire :

1. Attachez sa laisse.

2. Appelez-le par son nom.

3. Si il ne répond pas, appelez-le à nouveau et donnez une petite traction sur la laisse, ce qui amènera presque certainement Rex à vous regarder.

4. Donnez des félicitations verbales, suivies de près par la chose la plus importante aux yeux de votre Berger Allemand, la friandise.

Je sais que vous aimez votre chien. Rexounet est l'une des choses les plus précieuses de votre vie, mais au moins quand votre Berger Allemand est jeune, vous devez vous abstenir d'utiliser des surnoms ou des petits noms pour Rex. Il doit d'abord s'habituer à son vrai nom avant tous les petits surnoms affectueux qui viendront au cours de sa vie. Je vous suggère de choisir un nom qui ne comporte pas plus de deux syllabes pour qu'il soit facile à prononcer et/ou à crier au parc canin. Barthélemy n'est pas exactement le plus facile à prononcer.

Assis

Le « leurre » est un terme utilisé dans le monde de l'éducation canine pour décrire comment employer la promesse d'une friandise pour susciter l'action souhaitée. Le leurre est encore plus utile lorsqu'il est temps d'apprendre à votre chien à poser son postérieur au sol. Lorsque vous apprenez à votre Berger Allemand à s'asseoir, prenez la friandise et tenez-la juste devant son nez. Levez lentement la friandise petit à petit pour que le chien lève la tête. La plupart des chiots adopteront automatiquement la position assise en suivant avec enthousiasme la friandise et en essayant d'en prendre une bouchée. Une fois qu'ils sont assis, donnez l'ordre « assis » et bien sûr remettez la friandise. Répétez jusqu'à ce que ce soit bien assimilé. Ce serait également le moment d'envisager d'introduire des signaux de la main pour coïncider avec vos ordres verbaux, si vous pouvez gérer tout ça à la fois.

Viens

« Viens » est probablement l'ordre le plus important que vous enseignerez jamais à votre chien. Cela pourrait lui sauver la vie dans certaines circonstances. Vous devez donc amener votre chiot à répondre à l'ordre de rappel tôt et à le pratiquer souvent. Voici la technique qui a fonctionné pour moi. Vous êtes dehors avec Rex dans le jardin. Il est préférable d'être dans un espace clos où personne ne peut s'échapper et où les distractions seront, espérons-le, minimales. Marchez à reculons face à

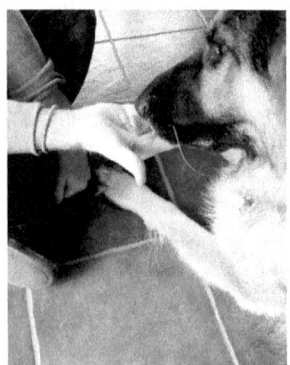

votre Berger Allemand avec une friandise dans la main en appelant son nom et en disant « viens ». Il y a de fortes chances que Rex coure vers vous. Donnez la friandise avec beaucoup d'éloges et faites-le plusieurs fois, mais encore une fois, pas trop non plus. Vous devrez peut-être faire plusieurs séances comme celle-ci à des jours différents avant que Rex ne commence à associer le mouvement vers vous avec l'ordre « viens ». Quand vous l'aurez décidé, arrêtez d'utiliser le nom de Rex et utilisez simplement l'ordre.

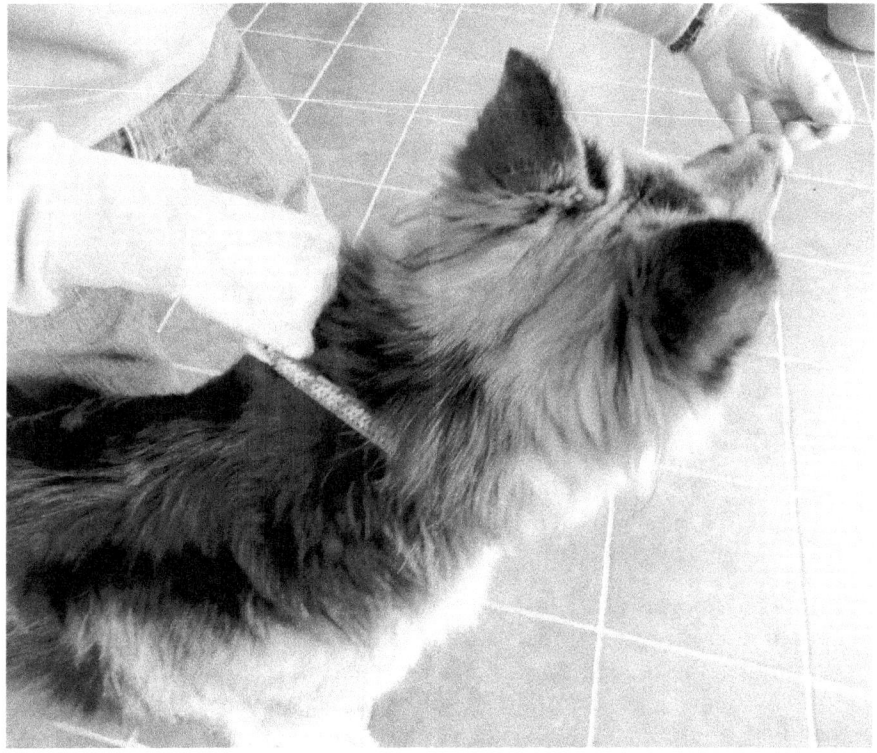

Mon conseil

> ➢ Pratiquez les prises de collier en même temps que vous travaillez sur le rappel. Cela habituera votre chien à ce que vous teniez son collier. En cas d'urgence, vous devez pouvoir « attraper » facilement votre Berger Allemand pour le protéger d'un danger ou au moins l'éloigner du gâteau d'anniversaire.

Laisse

J'utilise le poing fermé pour apprendre à un Berger Allemand à ne pas mettre sa gueule sur les choses. Maintenant, rappelez-vous à quel point c'est difficile pour un chien. Leur première réflexe lorsqu'ils voient quelque chose qu'ils veulent examiner de plus près, c'est d'aller renifler puis de serrer leurs dents sur cette chose. Certaines des choses qu'ils pourraient vouloir goûter pourraient les tuer. Vous devez donc avoir un ordre qui dit à votre chien de s'abstenir de son comportement naturel. C'est une demande difficile et cela peut prendre un certain temps et beaucoup de bave de chien sur vos mains, mais c'est un incontournable dans votre arsenal d'ordres.

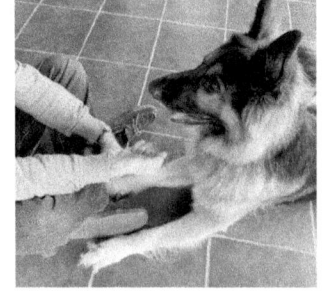

1. Placez une friandise irrésistible dans votre main ouverte à un endroit où Rex peut facilement venir enquêter.

2. Lorsque Rex tente de s'emparer de ladite friandise, fermez le poing et dites « Non, laisse ». Il peut baver et grignoter vos doigts, mais soyez fort et restez simplement assis là avec le poing fermé.

3. Lorsque Rex éloigne sa gueule, ouvrez le poing et répétez la procédure.

4. Après d'innombrables tentatives de votre chiot pour malmener votre main, il comprendra qu'il ne peut pas avoir la friandise, alors à un moment donné, il se contentera de rester assis quand vous aurez la main ouverte et la friandise exposée. Je me souviens avoir vu la bave couler du menton de Cody quand nous étions à ce stade.

5. Une fois que vous avez constaté que votre Berger Allemand est assis là, plus ou moins sous contrôle, vous pouvez alors dire « OK » et lui laisser prendre la friandise.

6. Répétez jusqu'à ce que votre chien vous regarde simplement avec ces grands yeux bruns comme pour dire : « J'ai compris. Ça suffit maintenant. »

Pas bouger

Il y a des éducateurs canins qui disent que vous n'avez pas besoin d'un ordre « pas bouger ». Ils croient que lorsque vous donnez un ordre à votre chien, comme « assis » par exemple, le chien devrait simplement rester assis pour toujours jusqu'à ce que vous le libériez. Cela peut convenir à certaines personnes, mais cela n'a jamais semblé fonctionner pour moi. J'ai toujours utilisé un processus en trois étapes pour mettre en œuvre et libérer d'un ordre « pas bouger ».

1. D'abord, j'utilise un ordre « assis » ou « couché ».

2. Puis l'ordre « pas bouger ».

3. Enfin, pour mettre fin au « pas bouger », mon ordre de libération est toujours « c'est bon ».

« Mais attendez une seconde », dites-vous. « Vous ne m'avez pas dit comment faire un « pas bouger ». Et vous avez raison, je prenais un peu d'avance. Revenons en arrière et essayons à nouveau, restez avec moi maintenant. Que diriez-vous de ceci ?

1. Mettez votre chien en position assise.

2. Placez votre bras tendu devant vous avec la paume de votre main face à Rex.

3. Dites « pas bouger » et reculez d'un pas ou deux. Après que votre Berger Allemand soit resté en position assise pendant quelques secondes, utilisez le mot que vous voulez pour libérer Rex et donnez-lui une friandise.

4. Si votre chien bouge de sa position assise immédiatement, recommencez l'assis avec le bras tendu et donnez l'ordre « pas bouger » sans faire de pas. La proximité est parfois importante et si un chien sent que vous êtes à sa portée, il sera plus réticent à bouger sans permission.

Couché

Voici une question pour vous. Croisez-vous les jambes quand vous vous asseyez, quoi qu'en dise votre médecin ? Pourquoi pensez-vous le faire ? Je peux vous dire pourquoi je croise les jambes quand je suis assis. Cela me rend plus à l'aise. Cela me calme d'une certaine manière, de sorte que si je suis à une fête ennuyeuse et que je dois écouter quelqu'un parler de lui-même, je peux siroter mon vin, sourire et supporter. Maintenant, votre Berger Allemand ne se retrouvera pas à trop de fêtes, j'imagine, mais ils aiment certainement se détendre quand ils pensent que les choses sont sous contrôle autour d'eux. L'une des façons dont les chiens aiment se détendre est de se coucher, c'est donc une chose naturelle pour eux. Votre travail consiste à faire en sorte qu'il soit naturel pour eux de vous écouter et de se coucher sur commande.

1. Faites asseoir Rex. Montrez-lui que vous avez sa friandise préférée et merveilleuse dans votre main.

2. Prenez votre main avec la friandise, mettez-la devant le nez de Rex, puis déplacez votre main devant lui et vers le bas. L'inclination naturelle du chiot sera de suivre son nez jusqu'au sol. N'oubliez pas de dire « couché » lorsqu'il y parvient.

3. Ça y est, vous avez un chien couché. Donnez la friandise et des éloges abondants.

4. Une fois maîtrisé depuis la position assise, pratiquez l'ordre « couché » depuis la position debout.

Lâche

Pour cet exercice on part du principe que vous êtes impliqué avec votre Berger Allemand dans un jeu d'échange. Mon Berger Allemand est un chasseur de balles. La plupart le sont. Pendant longtemps en tant que chiot, Cody courait avec une balle dans la gueule et ne pensait même pas à la lâcher ou à la céder à un humain. La balle était l'une de ses possessions les plus précieuses. Jusqu'au jour où il a réalisé que je pouvais lancer sa balle, et qu'il pouvait la poursuivre. Il adorait poursuivre la balle mais ne voulait toujours pas l'abandonner une fois qu'il l'avait. Je suis sûr que c'était un dilemme pour lui. Une balle dans la gueule contre l'utilisation de son instinct de prédateur et la poursuite de la balle orange. Il n'aurait jamais pu le résoudre tout seul et c'est là que je suis intervenu.

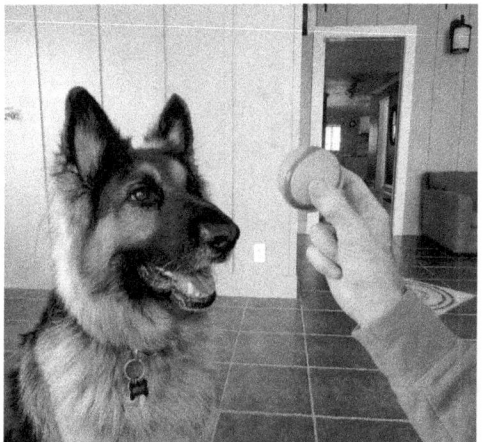

J'ai pensé que si Cody aimait tant cette balle, il pourrait aimer deux balles deux fois plus.

1. Je suis allé dans le jardin avec deux balles orange et un chiot très enthousiaste. Avec son attention bien fixée sur moi, je lançais l'une des balles à une courte distance.

2. Cody sprintait énergiquement après la balle, la saisissait dans sa gueule, puis son réflexe naturel était de se pavaner vers moi, non pas pour lâcher la balle, mais juste pour me narguer et me dire qu'il avait la balle et pas moi.

3. Je montrais alors à Cody la deuxième balle en ma possession, pointais sa balle puis le sol, et disais « lâche ». Bien sûr, cela n'a pas fonctionné les premières fois, alors j'ai introduit une friandise.

4. Armé de quelques petits morceaux de poulet fraîchement cuit, j'ai dit à Cody « lâche » et j'ai agité un morceau de poulet sous son nez de chiot.

5. Cody a lâché la balle, mangé la friandise, puis m'a regardé debout là avec une balle dans chaque main.

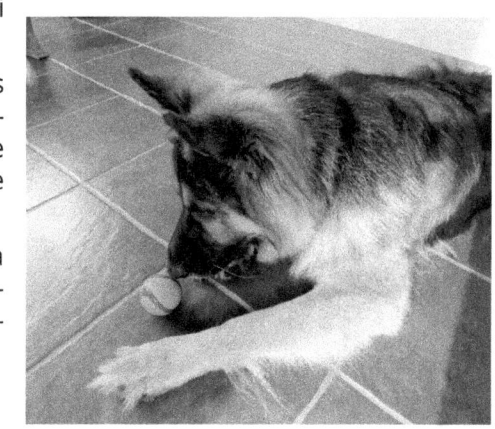

6. Voici comment le processus s'est déroulé après cela. Beaucoup plus de lancers de balle, plus de friandises, jusqu'à ce que finalement Cody revienne avec sa balle et la lâche sur commande.

7. Finalement, les friandises ont été retirées de l'équation, remplacées par les deux balles.

8. L'ordre « lâche » est finalement devenu transférable aux

bâtons, aux pierres et aux petits animaux morts.

Au fait, j'utilise toujours deux balles à la fois quand je joue à rapporter avec Cody parce que nous pouvons faire deux fois plus d'exercice en moitié moins de temps si nous nous concentrons vraiment sur le jeu. Donc, juste pour résumer les principes fondamentaux de l'exercice « lâche » :

- Donnez à Rex l'un de ses jouets préférés.
- Utilisez des friandises pour le

convaincre d'abandonner le jouet.

- Chaque fois qu'il le relâche, utilisez l'ordre « lâche », donnez-lui une friandise et des éloges verbaux.

- Si votre chien n'est pas attiré par les friandises (cela arrive), commencez avec un jouet de faible valeur et progressez vers l'échelle des jouets précieux.

- Finalement, les friandises peuvent être retirées de l'équation pour être remplacées par « oui » et « bon chien ».

Descends

Cet ordre peut être utilisé pour garder Rex loin de votre fauteuil préféré ou du canapé. Il peut être utilisé pour mettre fin à un épisode de squattage sur le comptoir. Il aide même à empêcher votre chien de vous sauter dessus lorsque vous rentrez à la maison à la fin de la journée. C'est un ordre vraiment polyvalent, mais l'enseigner peut être problématique. Ce n'est pas un comportement que vous voulez encourager, vous devez donc attendre de prendre le coquin sur le fait. Et comme pour tous les exercices que vous enseignez à votre enfant à quatre pattes, la cohérence est primordiale.

Si votre chien vous saute dessus

Vous devez briser cette mauvaise habitude de votre Berger Allemand dès que possible. Si votre chien saute sur quelqu'un lorsqu'il est adulte, il peut les renverser et causer des blessures, en particulier aux personnes âgées. Tout commence donc avec vous et voici quelques tactiques à utiliser.

Options pour « Descends »

- Lorsque votre Berger Allemand vous saute dessus, tournez-lui le dos et dites « descends ! » Un ton de voix ferme est nécessaire pour le mot d'ordre. Rappelez-vous, votre chien veut simplement que vous interagissiez avec elle et lui tourner le dos montre que vous n'allez pas lui prêter attention s'il se comporte de cette façon. Il finira par comprendre.

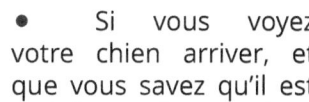

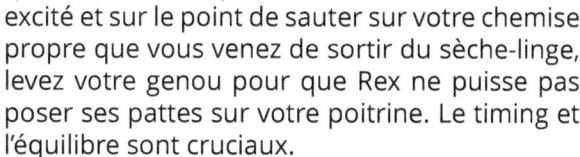

- Si vous voyez votre chien arriver, et que vous savez qu'il est excité et sur le point de sauter sur votre chemise propre que vous venez de sortir du sèche-linge, levez votre genou pour que Rex ne puisse pas poser ses pattes sur votre poitrine. Le timing et l'équilibre sont cruciaux.

- La dernière option que vous pouvez utiliser est d'anticiper votre Berger Allemand alors qu'il s'apprête à vous sauter dessus. Saisissez ses pattes avant alors qu'il se tient sur ses pattes arrière et faites-le reculer. Il s'assiéra probablement à ce moment-là et lorsqu'il le fera, vous devez donner l'ordre « descends ». Vous devez faire attention à ne pas transformer cela en quelque chose que Rex considère comme un jeu.

La chose réconfortante à savoir sur le fait de sauter est que c'est un comportement qui, associé à l'âge du chien et à votre persévérance obstinée, disparaîtra avec le temps.

Squattage des meubles

Maintenant, que pouvez-vous faire avec un Berger Allemand qui aime squatter à l'intérieur de votre maison ! Rôtis volés sur le comptoir, gâteau dérobé de la table, touffes de poils laissées sur le canapé. Commençons par le canapé..

Lorsque vous êtes en mode éducation, vous devez toujours avoir des friandises dans vos poches. Donc, lorsque vous voyez Rex étendu sur le canapé, prenez quelques friandises, placez-les sur le sol, et dites « descends » en pointant vers les friandises. Rex abandonnera son perchoir confortable pour la nourriture. La répétition est le seul remède. Même si vous êtes fatigué en rentrant du travail et que corriger le comportement de votre chien est la dernière chose que vous voulez faire. Les chiens comprennent la cohérence et la répétition.

Parfois, les chiens sont submergés par les odeurs. Vous pouvez dire qu'ils ne réfléchissent pas vraiment. L'instinct a pris le dessus. C'est le cas lorsque de la nourriture est sur un comptoir ou une table. Avoir un grand chien comme un Berger Allemand peut être un désavantage. Ils peuvent se tenir sur leurs pattes arrière et faire un nettoyage complet de tout ce qui est à découvert. Voici quelques choses que vous pouvez faire pour vous assurer que Rex se comporte bien.

1. Gardez les comptoirs et les tables exempts de nourriture lorsque vous ne les utilisez pas immédiatement. Cela concerne tout le monde dans la maison, y compris l'adolescent qui fait un sandwich et laisse tous les ingrédients sur le comptoir. S'il n'y a pas de tentation, il n'y a pas de crime.

2. S'il y a un grand repas en cours, disons le dîner de Noël, et qu'il y a de la nourriture absolument partout, éloignez votre chien de la zone. S'ils ont un panier quelque part ou un tapis où vous les placez habituellement, dites-leur d'aller dans leur panier. Gardez-les en place et à l'écart jusqu'à ce que l'extravagance gastronomique soit sous contrôle.

3. Si votre Berger Allemand traîne habituellement là où la préparation et la livraison des aliments sont en cours, assurez-vous que quelques petites friandises vont dans sa gamelle ou sur le sol dans un endroit à l'écart. Si Rex réalise qu'il va recevoir de bonnes choses s'il reste à terre, alors cela deviendra probablement une habitude ancrée.

Aimer la laisse

J'ai gardé le meilleur pour la fin. Marcher en laisse n'est pas tant un ordre qu'un mode de vie. J'ai vu des chiens qui ont appris à marcher en laisse sans tirer très rapidement et j'ai vu les chiens personnels d'éducateurs qui étaient de mauvais citoyens en laisse. Encore une fois, il n'y a pas de secrets pour réussir ici.

Cohérence. Faites toujours les mêmes choses lors de l'éducation en laisse afin que votre chien sache à quoi s'attendre et ce qu'on attend de lui.

Pratique. Utilisez la laisse. Parfois, lorsque votre chien ne semble pas comprendre aussi rapidement que vous le souhaiteriez, vous êtes tenté d'éviter les situations où vous devez le mettre en laisse. Au lieu d'une promenade, ils vont dans le jardin. Ou au parc canin où vous avez tendance à les détacher dès que possible. Ne faites pas ça.

Récompenses. Donnez à votre Berger Allemand des récompenses pour un bon comportement en laisse. Si ce sont des friandises et de la nourriture, très bien. Sinon, prolongez un peu le temps de jeu. Si votre toutou intelligent réalise que de bonnes choses viennent avec le temps en laisse, il sera sage. Après tout, c'est dans son intérêt.

Patience. Ai-je besoin d'en dire plus ?

Commencez jeune

La meilleure chose que vous puissiez faire lorsque ce chiot de huit semaines rentre à la maison est de sortir le collier et la laisse et de les lui mettre. Sous surveillance, bien sûr. Laissez le petit Rex porter son collier et traîner la laisse attachée pendant la journée pour que cela fasse partie de son environnement. Vous pouvez même faire des promenades en laisse dans la maison. Allez déranger quelqu'un qui fait ses devoirs.

Interrompez le marathon de jeux vidéo. Voyez ce qui mijote dans la cuisine. Vous devrez attendre que votre Berger Allemand soit un peu plus âgé pour commencer formellement l'éducation en laisse. Trois mois est généralement l'âge auquel les Bergers Allemands peuvent commencer à comprendre l'éducation, alors quand vous êtes prêt, essayez ceci :

- Procurez-vous une banane (sac de ceinture). Remplissez-la de friandises. C'est un outil pratique à avoir lorsque vos mains seront occupées avec la laisse et la distribution de friandises.

- Décidez de quel côté votre chien marchera. Je trouve que le côté gauche est plus naturel pour moi et c'est le côté « traditionnel », pour information.

- Commencez à marcher rapidement avec une laisse détendue dans votre main droite, et des friandises dans votre main gauche, à vos côtés.

- Votre chiot devrait naturellement graviter vers ce côté gauche. Continuez à marcher et distribuez occasionnellement une friandise tant que Rex reste à vos côtés. Après plusieurs expéditions, vous pouvez essayer la marche en laisse avec moins de friandises.

- Si votre chien tire, changez immédiatement de direction et marchez dans l'autre sens. L'idée est d'implanter dans le cerveau de votre chien qu'il doit vous suivre, et non l'inverse.

- Chaque fois que Rex vous suit, assurez-vous que les friandises soit là.

- Certains chiens apprennent vite, d'autres sont plus résistants aux apprentissages. Vous saurez bientôt lequel vous avez entre les mains.

Voilà donc un aperçu rapide de certains des travaux fondamentaux que vous devriez faire avec votre Berger Allemand en pleine croissance. Oui, c'est un peu de travail, mais le jeu en vaut la chandelle : à long terme, vous aurez un compagnon équilibré et bien éduqué au sein de votre famille. Si vous avez maintenant envie d'aller plus loin dans l'éducation de

votre Berger Allemand et que vous vous demandez quelles directions ex-plorer, le chapitre suivant, que j'ai intitulé « Des chiens qui travaillent », est fait pour vous.

CHAPITRE 13
Des chiens qui travaillent

« Le Berger Allemand est l'une des races les plus intelligentes et actives, utilisée dans le monde entier pour différentes missions : chien de garde, chien guide d'aveugle, chien de thérapie, chien d'assistance, chien militaire, chien policier, chien détecteur de drogues, chien de sauvetage et bien d'autres encore. »

Klaus Langenbach
Élevage Vom Geisterholz

Parfois, vous savez simplement que votre chien a besoin de plus d'activités. Il y a des signes. Cela peut être le fait que Médor reste là, rempli d'énergie en surplus. Vous avez fait des exercices d'obéissance jusqu'à n'en plus pouvoir avec cet athlète à quatre pattes, vous lui avez donné son déjeuner, mais ce n'est pas suffisant. Médor est fait pour de plus grandes choses. Il veut jouer un rôle sur une scène plus vaste. Il soupçonne qu'il doit y avoir plus dans la vie que le jardin, le parc du quartier et les trajets à Leroy Merlin. Il a ce regard qui laisse présager qu'il va commencer à chercher les ennuis. Eh bien, peut-être devrait-il vraiment

Crédit photo :
Katy Howard

chercher des ennuis. Je veux dire, sérieusement. Peut-être a-t-il besoin d'un travail.

Chiens de recherche et sauvetage

Les chiens de recherche et sauvetage se font un devoir de chercher les problèmes. Mais leur mission est d'aider dans ces situations. De nombreuses organisations civiles de recherche et sauvetage suggèrent de commencer à former votre chiot dès l'âge de douze semaines pour un rôle de service. Les Bergers Allemands sont l'une des races les plus prisées pour ce travail. Cependant, le processus de préparation peut être long et coûteux ; il n'est pas rare qu'il faille plusieurs années, et les propriétaires peuvent dépenser des milliers d'euros pour se préparer aux examens de qualification. En général, les chiens de recherche et sauvetage se répartissent en deux catégories.

1. **Chiens de détection aérienne**. Ces machines de pistage travaillent sans laisse et suivent toute odeur humaine transportée par l'air.

2. **Chiens de piste.** Ils travaillent en laisse et suivent une piste au sol.

Vous devez être extrêmement engagé pour vous impliquer dans la recherche et le sauvetage. Les chiens de recherche et sauvetage doivent avoir un instinct de proie extrêmement développé. Il n'y a pas de salaire, mais il y a certainement des récompenses.

Schutzhund

Le mot allemand schutzhund signifie « chien de protection ». C'est un sport conçu spécifiquement pour le Berger Allemand. Vous vous souvenez du bon vieux Max von Stephanitz du chapitre 1 ? Von Stephanitz a participé au développement de ce triathlon pour Bergers Allemands qui comprend :

- Le pistage
- L'obéissance
- La protection

C'est également plus qu'une simple compétition sportive strictement jugée. Dans le cadre du « diplôme » de Schutzhund, chaque chien est évalué physiquement et mentalement pour son aptitude à la reproduction. L'IPO (International Pruefungsordnung) est une compétition similaire au Schutzhund.

Protection personnelle

Bien qu'il existe de nombreuses entreprises qui vous vendront un chien dressé pour la protection personnelle, vous pouvez également faire dresser professionnellement votre propre chien s'il a le bon tempérament. En théorie, vous pouvez également dresser vous-même votre chien à la protection personnelle, bien que je ne le recommande pas. Si vous ne savez pas ce que vous faites, vous risquez de vous retrouver avec un

Crédit photo : Celeste Schmidt Dakonic GSDs

chien extrêmement asocial et agressif, inadapté à un environnement familial. Donc, si après un entraînement intensif à l'obéissance, vous pensez que votre famille a encore besoin d'un niveau de protection plus éle-

vé, voyez si votre Berger Allemand pourrait se qualifier pour une formation professionnelle en protection personnelle.

Chiens détecteurs

Dans cette catégorie, la plupart d'entre nous pensent aux chiens détecteurs de drogues et d'explosifs que l'on peut voir chaque soir dans
diverses émissions télévisées. Bien que ces activités soient presque entièrement entre les mains de la police et des forces de l'ordre, il existe
une variété de services de détection proposés par des dresseurs civils et
leurs partenaires canins.

- Détection de termites. Ces petits insectes destructeurs utilisent diverses odeurs pour communiquer, et c'est là qu'intervient l'incroy-
  able flair du Berger Allemand. Les chiens détecteurs de termites sont
  capables de signaler la présence de ces nuisibles avant même que
  l'œil humain ne puisse constater les dégâts.

- Détection de moisissures. Un autre destructeur de valeur immo-
  bilière qui peut être découvert par un Berger Allemand bien éduqué.
  Comme pour tout processus de détection olfactive, le chien est ex-

posé à diverses moisissures courantes et à leurs odeurs, qui s'ajoutent ensuite à la mémoire encyclopédique des odeurs du canin.

- Détection d'accélérateurs d'incendie. Ces chiens spécialement formés aident les services d'incendie et de police dans l'enquête sur les incendies qui ont été intentionnellement déclenchés.

- Détection de punaises de lit. Si l'idée d'avoir des punaises de lit chez vous peut vous donner des frissons, pour un limier canin bien entraîné, l'idée de rechercher ces insectes suceurs de sang est passionnante. Un détective canin compétent devrait être capable de sentir les punaises de lit vivantes et leurs œufs, ainsi que les anciennes infestations.

- Détection pour la conservation. Ces chiens sont utilisés pour aider à mener des enquêtes dans la recherche sur la faune en recherchant des excréments et d'autres signes de la présence d'un animal dans une zone géographique donnée.

Voilà donc les métiers difficiles et exigeants auxquels vous et Médor pourriez vous consacrer. Qui sait, vous pourriez même en tirer un gagne-pain. « Médor, Exterminateur de Punaises de Lit SARL ». Ça sonne bien, je trouve. Mais si vous pensez que vous aimeriez faire quelque chose avec Médor qui soit plus orienté vers les personnes, quelque chose de thérapeutique peut-être ?

Chiens de thérapie

Ce travail concerne avant tout la qualité de vie. Médor le thérapeute se rend dans des maisons de retraite, des hôpitaux, des écoles, partout où il est invité. Il apporte un sentiment de réconfort et de compagnie aux personnes qui ont parfois juste besoin de tendre la main et de serrer quelque chose dans leurs bras. Il y a des tests à passer pour se qualifier, mais la première exigence est une capacité à rester calme. Médor détendu, bon chien.

Chiens d'assistance

Il existe trois types de chiens d'assistance.

1. Les chiens guides travaillent avec des personnes malvoyantes.

2. Les chiens pour sourds aident les personnes sourdes et malentendantes.

Crédit photo :
Michele Hill

3. Les chiens d'assistance travaillent avec des personnes ayant des problèmes de mobilité, des maladies psychiatriques et des préoccupations médicales.

Bien qu'il soit possible d'acquérir un chien entièrement formé auprès de diverses organisations liées au handicap, les listes d'attente sont quelque peu décourageantes. Sans parler du prix qui dépasse les vingt mille euros. Vous pouvez former votre propre chien d'assistance, mais cela prendra du temps et de l'argent. Je vous suggère de consulter le site de la Société Centrale Canine pour plus d'informations sur la façon de commencer.

Vous pouvez trouver des détails sur : www.centrale-canine.fr/articles/les-chiens-dassistance

Maintenant, si vous cherchez une occupation canine qui mise sur l'énergie pure, la vitesse et l'athlétisme, la suivante pourrait faire l'affaire. Vous devez être capable de prendre des décisions en une fraction de seconde, de travailler avec des signaux manuels et des commandes vocales, et de battre le chrono.

L'agility

Crédit photo : Samuel Ireland

Vous et Médor devrez atteindre un niveau élevé d'obéissance pour réussir sur le parcours d'agility. Les compétitions comprennent des obstacles, des tunnels, des sauts, des slaloms et même un saut en longueur. Tout est question de travail d'équipe et d'intensité.

Si vous voulez participer à des compétitions mais que vous ne souhaitez pas sprinter autour d'un parcours d'agility, vous pourriez envisager une activité qui vous fera faire un peu de jogging autour du ring et qui pourrait même vous mener à Paris pour le Championnat de France.

•

Dressage à la conduite de troupeau

La Société Centrale Canine reconnaît trois styles de conduite de troupeau en compétition.

- Dans le parcours A, le chien doit conduire le bétail à travers un dispositif comprenant des portes et des enclos.

- Le parcours B exige que le chien rassemble le bétail à une certaine distance du berger et le ramène.

- Le parcours C évalue le chien pendant qu'il surveille, patrouille et contrôle un troupeau qui pâture, en maintenant les animaux hors des zones indésirables.

La SCC propose ces épreuves ainsi que des tests pour déterminer si votre chien a l'instinct nécessaire pour devenir un bon chien de berger.

Évidemment, il existe de nombreuses activités que vous et Médor pourriez pratiquer ensemble pour créer des liens et dépenser des calories. Cela dépend de votre niveau d'engagement et d'intérêt. Mais que faire si votre chien semble avoir du mal à comprendre ce que vous voulez qu'il fasse ? Et si il manifeste un comportement franchement mauvais ? Cela pourrait simplement refléter tout ce que vous lui avez enseigné. C'est là que nous mène notre piste dans le prochain chapitre, intitulé « Comportements indésirables : qui est un vilain toutou ? »

CHAPITRE 14

Comportements indésirables : Qui est un vilain toutou ?

La première chose à vérifier dans toute tentative d'analyse et de modification du comportement de votre Berger Allemand est la santé de votre chien. Y a-t-il un problème médical qui provoque le comportement que vous essayez de changer ?

- À ce stade, vous êtes déjà en contact avec votre vétérinaire ; il garde probablement même un créneau ouvert pour vous à la clinique tant il apprécie votre toutou. Infection de l'oreille, infection urinaire, peu importe, obtenez un certificat de bonne santé du Dr. Toutvabien avant de passer à l'élaboration d'un plan d'action correctif.

Si votre vétérinaire vous a donné, à vous et à Rex, un bilan médical satisfaisant, l'étape suivante de votre liste de contrôle des mauvais comportements devrait être l'un de mes suspects habituels.

- Exercice physique et mental. Si vous n'êtes pas à moitié épuisé en essayant de stimuler votre Berger Allemand, alors vous ne faites pas votre travail. Ces chiens s'occuperont tout seuls si vous ne les surveillez pas, et quand ils s'occupent eux-mêmes, la destruction de biens n'est jamais loin.

Donc, vous avez conclu que Rex est en bonne santé ; il fait beaucoup d'exercice physique et vous jouez aux échecs avec lui tous les jours pour le stimuler mentalement. Alors pourquoi tous ces aboiements ? Et le mauvais comportement va bien au-delà des aboiements. Examinons ma liste « qui est un vilain toutou ? ».

Qui est un vilain toutou ?

- Aboiements et gémissements excessifs. Les Bergers Allemands ont tendance à aboyer pour un rien, mais il y a une limite. C'est excessif quand ils dépassent la moyenne de 10 aboiements par jour.

- Charges soudaines. Nous avons tous connu ça. C'est très inconvenant d'avoir un chien qui se précipite vers d'autres chiens ou divers petits animaux.

Crédit photo :
Makenzi Hall

- Fugues. C'est mon deuxième comportement le plus problématique dans mon classement des « vilains toutous ». Personne n'a besoin d'un Berger Allemand fugueur dans sa vie.

- Sauter sur les gens. Ce n'est pas acceptable et cela pourrait être carrément dangereux.

- Mâchouiller. Et encore mâchouiller. Chaussures, portefeuilles, téléphones portables, tout peut être une cible potentielle.

- Mendier. C'est agaçant et il faut que ça cesse. Comment cela a-t-il commencé d'ailleurs ?

- Tirer sur la laisse. Mon irritation préférée. Vraiment, quelle est l'urgence ?

- Mordiller. Beaucoup d'entre vous connaissent cela sous d'autres noms : mordre et pincer.

Crédit photo :
William Chilton

- Voler sur les plans de travail. Nous en avons déjà parlé. C'est le genre de razzia dont personne ne veut chez soi.

- Automutilation. Si vous n'avez pas abordé ce sujet avec votre vétérinaire, il est temps de prendre un nouveau rendez-vous.

- Agressivité. Elle peut prendre de nombreuses formes mais aboutit toujours à un comportement indésirable et parfois dangereux.

Ce n'est que ma liste « qui est un vilain toutou ? » et elle n'est en aucun cas exhaustive, mais tout cela peut être néanmoins épuisant. Votre prochaine étape pour traiter n'importe lequel de ces comportements individuels est de déterminer la cause profonde. Cela me rappelle que creuser n'est pas sur la liste mais pourrait très bien y figurer. Quoi qu'il en soit, laissons cela de côté pour le moment et prenons au hasard dans la liste un comportement à traiter à titre d'exemple.

Vilains toutous, que faire ?

Les fugues. Imaginez ce scénario. Vous décidez de sortir par la porte d'entrée. Disons, pour récupérer le journal dans la boîte au lettre. C'est si vous avez la chance de recevoir encore le journal à domicile. Mais juste au moment où vous ouvrez la porte, vous êtes violemment poussé de côté par un train de marchandises noir et feu à quatre pattes qui file vers la liberté. C'est ça, une fugue. Il aurait tout aussi bien pu charger par la porte arrière, sortir de la voiture au parc canin ou franchir le portail vers on ne sait où. La fugue n'est pas ce que je décrirais comme un problème psychiatrique ou mental, mais c'est un problème comportemental qui nécessite des ajustements. Il pourrait s'agir d'un problème d'éducation que vous avez ignoré. Peut-être aviez-vous simplement trop de choses à gérer. Tout le monde à la maison disait vouloir un chien, mais quand il s'agit de s'en occuper, Rex semble être votre Berger Allemand à vous. Surtout quand il y a un problème. Donc, puisque vous êtes responsable de ce casse-tête de fugue, voici ce que je suggérerais dans ce cas.

Ordre d'interruption

C'est une directive utile à avoir dans votre boîte à outils d'éducation et elle peut être utilisée pour arrêter Rex dans sa fuite, net dans sa course. Dans ce cas, je veux parler de l'ordre « Attends ». Cet ordre d'interruption peut être utilisé pour prévenir de nombreux comportements indésirables, et il a en plus l'effet double d'affirmer votre leadership, ce que vous devez faire à chaque occasion. Pourquoi ? Essentiellement parce que Rex doit savoir qui prend les décisions dans votre foyer, et ce ne doit certainement pas être lui.

Attends-moi

1. Vous devrez mettre Rex en laisse. La laisse est un geste psychologique qui vous met également en position de le retenir physiquement. Le message indirect dit : « Je suis aux commandes. Fais attention à moi. » C'est une partie de votre rôle de leader pour votre Berger Allemand.

2. Placez-vous à la porte avec Rex à côté de vous. Vous sentirez l'excitation chez votre chien, c'est donc le moment de vous préparer à affirmer votre contrôle.

3. Ouvrez la porte. Lorsque Rex s'élance, donnez-lui une traction rapide mais ferme sur la laisse, dites « attends », et refermez rapidement la porte.

4. Vous devrez répéter cela plusieurs fois, en tirant sur la laisse, en disant l'ordre « attends » et en fermant la porte jusqu'à ce que, miracle des miracles, vous ouvriez la porte une fois et que Rex reste simplement là, vous regardant, espérons-le.

5. Lorsque Rex se retient enfin, c'est le moment pour les félicitations et les friandises.

6. Vous devez continuer à pratiquer cela jusqu'à ce que vous puissiez laisser la porte ouverte et que Rex ne fasse aucun mouvement pour s'enfuir et attende simplement la prochaine instruction de votre part.

7. Vous devez vous rappeler de faire cela chaque fois que vous vous apprêtez à sortir. La répétition en fait une habitude souhaitable.

Fusion mentale

Je ne sais pas combien de fans de la série originale Star Trek lisent ceci, mais dans cette vieille série télévisée, Spock pouvait faire quelque chose appelé la fusion mentale vulcaine. Il utilisait la télépathie pour entrer dans l'esprit de quelqu'un d'autre et essentiellement combiner les deux esprits, créant une « fusion mentale ». Pourquoi est-ce que j'évoque cela dans un livre sur les Bergers Allemands ? Eh bien, d'après mon expérience, il semble que chaque jour, mon Berger Allemand joue à des jeux de fusion mentale avec moi. Si Cody pouvait utiliser la télépathie sur moi, les conversations quotidiennes ressembleraient à peu près à ceci.

Cody : « Alors, qu'allons-nous faire aujourd'hui ? J'aimerais aller par ce chemin juste ici, laisse-moi te montrer ce que j'ai en tête. Cet écureuil noir que j'ai vu ici même les deux derniers jours pourrait encore traîner dans le coin... »

Moi : « Non, nous ne pouvons pas prendre ce chemin. Nous devons aller par ici parce qu'il y a des broussailles que je dois ramasser et déplacer vers le tas à brûler. »

Cody : « Oh non, pas du travail, c'est tellement ennuyeux. Pourquoi ne pas sauter ça et aller faire une promenade près du puits ? C'est là que les lapins traînent et j'en ai presque attrapé un l'autre jour. »

Moi : « Non, Cody. Nous devons déplacer les broussailles. Maintenant. »

Cody : « Comme tu veux, mais qu'en est-il de... »

Je pense que vous comprenez l'idée. Les Bergers Allemands repoussent toujours les limites et lorsque leur comportement n'est pas contrôlé ou surveillé, ils supposent simplement qu'ils ont un tampon d'approbation parce qu'ils sont intelligents et confiants. Ils veulent travailler avec leurs humains, mais ce n'est pas une relation sans réserve d'acceptation totale. Vous devez être le leader et aborder de manière créative tous les problèmes de comportement du Berger Allemand à plusieurs niveaux.

Attention aux déclencheurs

Mettez le doigt sur les déclencheurs du comportement que vous essayez de changer et éliminez-les. Débranchez la sonnette, prenez une autre direction si votre Berger Allemand est tenté d'en découdre avec le chien qui arrive, retirez la nourriture du plan de travail. Si vous prenez le temps de réfléchir aux déclencheurs, vous pouvez éliminer la plupart d'entre eux.

Double exposition

Parfois, un stimulus, un déclencheur, peut être surmonté par l'exposition. Si la musique forte ou la radio excite votre chien, faites-la jouer plus souvent. Plus cela fait partie de la vie d'un chien, plus cela devient un élément du décor. Un autre déclencheur peut être les jeunes enfants. Certains Bergers Allemands ne savent tout simplement pas quoi en penser. Ils ne sont pas sûrs s'il s'agit d'un jouet ou peut-être d'un petit animal à pourchasser. Vous devez surveiller attentivement ce type de situation de socialisation, mais augmenter l'exposition aux jeunes enfants, un peu à la fois, normalise les petites personnes aux yeux de votre Berger Allemand.

L'ignorance est un bonheur

Si Rex se transforme en mendiant de restes de table, il y a quelques raisons à cela. L'opportunité et le renforcement. Les deux vous incombent entièrement. Arrêtez de donner des restes de table à ce visage quémandeur et ne le faites plus jamais. Ignorez la mendicité et les gémissements jusqu'à ce qu'ils cessent finalement. Ce sera un bras de fer, mais vous finirez par gagner si vous restez ferme. Parfois, ignorer quelque chose mènera au bonheur.

Choix multiples

Si votre Berger Allemand est un vilain toutou, n'oubliez pas de détourner et distraire. Il mâchouille vos escarpins préférés ? Donnez-lui l'un de ses jouets couineurs préférés pour qu'il rende tout le monde fou avec ça à la place. Si vous présentez d'autres options à votre chien, en opportuniste, il profitera de la meilleure alternative.

Faites appel aux experts

« Mordiller et mordre peuvent être un défi pour les nouveaux propriétaires de Bergers Allemands. Comprenez qu'il s'agit d'une race élevée pour l'instinct de proie et le travail de troupeau. Vous ne changerez jamais cet instinct, mais vous pouvez utiliser cette pulsion pour enseigner d'autres comportements souhaités. »

Erika Martin
Century Farms

Si vous rencontrez toujours des difficultés avec un mauvais comportement après avoir fait de votre mieux pour l'éliminer, il est temps de faire appel aux professionnels. Les éducateurs canins sont le plus souvent sollicités pour traiter les problèmes d'agressivité et d'anxiété de séparation. Vous êtes peut-être trop proche de la situation pour élaborer une solution personnalisée. Un bon maître est un maître qui sait quand demander de l'aide.

Bon chien !

Il existe des solutions à de nombreux comportements indésirables. Je veux dire, si vous réfléchissez à la nature du problème, prenez en compte la personnalité de Rex et êtes prêt à consacrer du temps et, si nécessaire, de l'argent. Pour conclure ce chapitre, je veux mentionner plusieurs problèmes comportementaux spécifiques à la race que j'ai constatés dans mon expérience avec les Bergers Allemands.

- Aboiements. Les Bergers Allemands aboient pour tout. Ils aboieront en entrant dans une pièce. Ils aboieront quand des personnes entrent dans une pièce. Je crois que c'est simplement dans leur nature de sonner l'alarme. Vous pouvez arrêter les aboiements excessifs en utilisant un ordre d'interruption, mais je ne l'utilise pas souvent. Certains aboiements font simplement partie du lot.

- Anxiété de séparation. Les Bergers Allemands aiment leurs maîtres et passeront tout leur temps à vous suivre partout où vous allez, même dans la salle de bain si vous ne fermez pas la porte. Vous devez les éduquer tôt pour qu'ils comprennent que lorsque vous partez, vous revenez toujours.

Le dernier problème que je veux soulever est le champ de mines de l'agressivité. Le mot « agressivité » est un fourre-tout pour plusieurs types de comportements qui ont leurs propres origines uniques.

1. Agressivité de dominance. Généralement dirigée vers les membres de la famille. Se manifeste par des actions telles que pousser pour passer par les portes et simplement ignorer les ordres des personnes que le chien estime ne pas avoir à écouter.

2. Agressivité par peur. Le Berger Allemand peut avoir peur des personnes extérieures à sa propre famille ou des choses qu'il ne rencontre pas souvent. Se manifeste généralement par des grognements, des dents découvertes et des aboiements.

3. Agressivité protectrice. Un Berger Allemand a tendance à être territorial et, s'il éprouve ce type d'agressivité, il aboiera et grognera, ce qui peut s'intensifier jusqu'à la poursuite et la morsure si l'animal se sent menacé.

Ce sont les trois principales catégories d'agressivité et elles peuvent toutes être décomposées en sous-catégories plus spécifiques, adaptées à chaque Berger Allemand. Tous ces problèmes, s'ils persistent avec votre chien, sont mieux gérés par un éducateur professionnel ayant une bonne réputation pour des résultats positifs grâce au renforcement positif.

Permettez-moi de terminer ce chapitre, où nous avons examiné tant d'aspects négatifs de ces excellents chiens, par une observation positive.

Il n'y a rien de plus satisfaisant à la fin d'une journée amusante que de regarder votre Berger Allemand et de dire « Bonne fille ! » ou « Bon garçon ! » parce qu'au final, ce sont vraiment de bons chiens.

CHAPITRE 15
En voyage

« Si vous les habituez à voyager dès leur jeune âge et que cela fait partie de leur développement normal, ils voyageront bien toute leur vie. Je recommande d'utiliser une cage de transport et d'en faire quelque chose de positif, ainsi ils pourront aller n'importe où dans cette cage. Ils aiment simplement leur meute et veulent être avec elle. »

November Holley
Harrison K-9

Je vais commencer cette section du « Guide Complet du Berger Allemand » avec une approche légèrement différente concernant les voyages avec votre Berger Allemand. En fait, je vais commencer par une question. Lorsque vous vous préparez à voyager, posez-vous cette question :

- Où votre Berger Allemand sera-t-il le plus à l'aise ?

Nous devons toujours considérer ce qui est le mieux pour nos Bergers Allemands dans n'importe quelle situation, et les voyages ne font pas exception. Oui, votre grand compagnon fait partie de la famille et il aime passer du temps avec tous les membres de la meute, mais appréciera-t-il d'être enfermé dans une cage et transporté en avion à travers le pays ? Va-t-il réellement se plaire dans les chambres d'hôtel où il séjournera ?

Je pense que vous voyez où je veux en venir. Les chiens et les voyages doivent toujours être considérés au cas par cas. Et c'est tout à fait acceptable si vous arrivez à la conclusion que votre Berger Allemand serait mieux chez vous avec une personne de confiance. Ce serait la décision la plus sensée si votre Berger Allemand est trop stressé par le déracinement. Il vous manquera pendant votre absence, mais vous ne lui enlèverez pas des années de vie canine en l'obligeant à emporter ses croquettes pour un long voyage alors qu'il préférerait simplement faire le tour du parc à chiens. Nous reviendrons sur les différentes options de garde à domicile un peu plus loin dans ce chapitre. Maintenant, cette considération très importante étant écartée, passons au reste d'entre vous qui envisagez de prendre la route.

Mon conseil

> ➢ Avant même d'envisager de prendre la route pour un voyage plus long, assurez-vous que votre Berger Allemand ait eu beaucoup d'expériences de courts trajets en voiture. Tous les jours si vous le pouvez. Si votre chien est sujet au mal des transports, achetez une ceinture de sécurité pour chien qui le maintient face à la route au lieu de regarder sur le côté. Cela réduira les risques de vomissements.

Préparatifs avant le départ

Crédit photo : Debra Moreno

Alors, c'est l'heure du voyage sur la route et tout le monde est vraiment excité. Les gens emportent beaucoup trop de choses, chacun veut apporter son ordinateur portable et son téléphone, et vous venez de faire réparer le lecteur DVD dans le monospace, donc les choses s'annoncent bien. Les valises s'accumulent, mais attendez une seconde. Et Wolfgang ? Qui prépare ses affaires ?

Avant de quitter l'allée

- Vous avez fait des réservations, n'est-ce pas ? Tous les hôtels réservés acceptent les chiens, n'est-ce pas ? Vérifiez la présence de parcs canins et d'autres zones d'exercice appropriées à proximité avant de réserver.

- Cela pourrait valoir la peine de prendre rendez-vous pour Wolfgang chez votre vétérinaire pour un bilan de santé rapide. Comme dit le proverbe, mieux vaut prévenir que guérir.

- Quelqu'un a noté les coordonnées des cabinets vétérinaires ou des cliniques vétérinaires les plus proches sur votre route et à votre destination. Quelle prévoyance !

- Assurez-vous que toutes les informations médicales de Wolfgang et ses médicaments sont emballés pour le voyage.

Crédit photo :
Mark Hager

- Vérifiez que les médailles d'identification de votre chien, avec vos coordonnées, sont intactes, lisibles et attachées solidement à son collier.

- Il est préférable que Wolfgang soit pucé. On ne peut pas perdre un implant.

- Emportez plusieurs photos récentes de votre Berger Allemand. S'il venait à se perdre, vous voudriez pouvoir le décrire avec une photo flatteuse.

- Assurez-vous d'avoir emballé une laisse, de la nourriture pour chien, beaucoup d'eau, des gamelles pour la nourriture et l'eau, des sacs à déjections, une brosse, ET :

- Une trousse de premiers secours pour chien, qui comprend de la gaze, du ruban adhésif, des ciseaux, des pincettes, un outil pour retirer les tiques, des lingettes antiseptiques, du Benadryl et une muselière.

- Un harnais pour chien avec une attache. Vous voulez vous assurer que Wolfgang est bien attaché sur son siège et qu'il ne se promène pas librement dans le véhicule.

- Plusieurs rouleaux d'essuie-tout. Ils sont pratiques pour toutes sortes de situations familiales, mais fonctionnent particulièrement bien pour les urgences avec un Berger Allemand.

- Emportez une cage de transport pliable, surtout si votre Berger Allemand est habitué à la cage et en cherchera une pour dormir la nuit.

- Des jouets. Ses préférés et quelques autres. On n'a jamais trop de jouets.

Mais attendez une minute, maintenant vous reconsidérez le voyage en voiture. Toutes ces heures de conduite ne semblent pas si attrayantes quand on additionne les arrêts, les séjours à l'hôtel et les repas. Vous pensez peut-être prendre l'avion. Vous pouvez simplement mettre Wolfgang dans une cage, le mettre dans l'avion, le récupérer à l'arrivée, et c'est parti. Tout le plaisir des vacances sans l'inertie de l'autoroute. Pas si vite, cepen-

149

dant. Vous pensiez qu'il y avait beaucoup de préparatifs pour un voyage en voiture avec un Berger Allemand ? Pensez à la préparation pour le décollage.

Plan de vol

- Réservez un vol direct pour Wolfgang. Vous savez comment vous vous sentez si vous avez trop d'escales. Imaginez être un chien dans une cage qui n'a jamais volé auparavant.

- La plupart des compagnies aériennes ont des directives pour le transport d'animaux que vous devez consulter. Parmi celles-ci figure l'exigence d'un certificat de santé délivré par un vétérinaire.

- Assurez-vous d'avoir une cage de transport approuvée. Vérifiez auprès de la compagnie aérienne spécifique que vous utilisez pour confirmer que votre cage répond à leurs spécifications.

- La cage doit être de la même taille que celle que vous utilisez à la maison. Si vous n'utilisez pas de cage pour votre chien à la maison et que vous devez en acheter une, assurez-vous qu'elle est assez grande pour que Wolfgang puisse se tenir debout et se retourner. Elle doit être bien ventilée avec un fond absorbant.

- Si votre chien n'a pas été habitué à la cage, habituez-le bien avant le jour du départ.

- La cage doit être correctement identifiée avec votre nom et vos numéros de contact ainsi que le nom du chien.

- Avant de partir pour l'aéroport, assurez-vous que Wolfgang a fait suffisamment d'exercice. Être semi-épuisé aidera à atténuer son anxiété de vol.

- Si vous pensez que Wolfgang pourrait ne pas bien voyager et que vous envisagez de le tranquilliser, réfléchissez-y à deux fois. L'Ordre national des vétérinaires recommande de NE PAS tranquilliser car cela peut causer des problèmes cardiaques et respiratoires.

Une dernière remarque concernant les voyages en avion et les Bergers Allemands. Il y a toujours un risque pour les animaux lorsqu'ils voyagent en avion. Assurez-vous que votre décision est bien réfléchie et non un choix impulsif.

Crédit photo :
John Micallef

Réfléchir à deux fois

Maintenant, après avoir passé en revue toutes les préparations nécessaires pour emmener Wolfgang en vacances avec la famille, vous vous dites peut-être qu'il préférerait rester à la maison. Mais vous n'avez pas exploré toutes les options.

Choix d'une pension

Ne choisissez pas une pension au hasard après en avoir cherché plusieurs sur Internet. Ce n'est pas parce qu'elle est dans le quartier, qu'elle offre une promotion de 25 % pour une durée limitée et qu'elle fournit des friandises gratuites que cela signifie quoi que ce soit. Vous passez beaucoup de temps de qualité au cabinet vétérinaire. Pourquoi ne pas voir s'ils ont des recommandations de pensions ? S'ils en ont, et si vous pouvez trouver des clients de ladite pension à qui parler, cela vous donnera des informations précises et vous orientera peut-être dans la bonne direction. Recueillir des renseignements lors de vos promenades dans le quartier ou au parc à chiens est également un moyen d'essayer d'avoir une idée sur une pension. Une fois que vous avez quelques noms en tête, allez les vérifier.

Focus sur l'établissement

- Comment vous sentez-vous en vous promenant dans les lieux ? Vous devez vous sentir à l'aise avec l'environnement.

- Quel est le niveau de bruit ? S'il est excessif, vous devriez penser à chercher ailleurs.

- Est-ce que ça sent mauvais ? C'est toujours une indication du niveau d'hygiène, ou de son absence, ce qui peut indiquer un manque de personnel ou un manque d'attention aux détails.

- Est-ce que ça semble surpeuplé ?

- Les Bergers Allemands ont besoin de beaucoup d'exercice. Comment vont-ils s'assurer que Wolfgang fait ses exercices quotidiens ?

- Assurez-vous de voir où les animaux sont logés pendant la nuit. J'ai demandé une fois à voir cette partie d'une pension que j'envisageais et quand ils n'ont pas voulu me laisser entrer dans cette zone, j'ai immédiatement rayé cet endroit de ma liste.

- Comprenez la structure tarifaire de la pension, et s'il y a des extras que vous pouvez choisir qui rendront le séjour de votre Berger Allemand meilleur, envisagez-les.

- Déterminez quels vaccins sont requis pour la pension. Une pension devrait au minimum exiger que tous les chiens soient à jour sur la rage, la maladie de Carré et la parvovirose, ainsi que la Bordetella.

- La pension a-t-elle une page Facebook ou d'autres réseaux sociaux où vous pouvez vérifier ce qui se dit sur l'établissement ?

- Comment l'établissement est-il doté en personnel ? Qu'en est-il pendant la nuit ?

- Wolfgang doit maintenir son régime alimentaire habituel, alors assurez-vous que toute pension que vous envisagez nourrira votre Berger Allemand selon vos instructions et avec la nourriture que vous fournissez.

- Renseignez-vous sur les services vétérinaires disponibles. Si votre chien a besoin d'aide médicale, demandez si votre propre vétérinaire peut être utilisé.

- Une fois que vous avez choisi une pension, assurez-vous de laisser un nom et un numéro de contact d'urgence local. Il devrait s'agir de quelqu'un qui peut être immédiatement accessible en cas de besoin.

Crédit photo :
Theresa Christ

Trouver le bon établissement n'est pas un processus simple et vous devrez investir un temps de recherche considérable pour vous assurer de faire le bon choix. L'autre chose à considérer si vous êtes déterminé à mettre votre Berger Allemand en pension pendant votre absence est de faire quelques séjours d'essai avant de partir pour une période prolongée. Une chose que j'ai faite avec Cody, mon Berger Allemand, c'était de l'emmener dans une pension juste pour la journée pour l'habituer à être dans cet endroit particulier. Les chiens adorent la familiarité.

Séjour à domicile

Il existe quelques autres options de garde pendant les vacances pour Wolfgang que vous devriez considérer. J'ai toujours pensé que garder un chien dans son environnement familier autant que possible diminue l'anxiété associée à l'absence du propriétaire. Engager un pet-sitter pourrait être la meilleure option pour certaines personnes. Vous pouvez même faire venir le gardien pour qu'il reste chez vous pendant votre absence. Examinons certaines des choses à considérer lors de la recherche de ce compagnon parfait pour votre animal.

Trouver la bonne personne

Vous savez que vous devez rencontrer quelques candidats pour le poste. Alors, quelles sont les qualifications que vous recherchez chez quelqu'un qui va s'occuper de Wolfgang et rester dans la maison familiale ? C'est une mission assez personnelle quand on y pense. Tout d'abord, je suggérerais que tout gardien que vous envisagez doit avoir de l'expérience avec les grands chiens et particulièrement les Bergers Allemands. Les Bergers Allemands ne sont pas une race de chien comme les autres et tout gardien potentiel doit comprendre ce qui les fait marcher. Ce sont des chiens grands, actifs et intelligents, donc engager une personne plus âgée et plus sédentaire pourrait ne pas être la meilleure idée. Assurez-vous que tout gardien potentiel est un amoureux des chiens. Voici ma liste suggérée de choses à considérer.

- Idéalement, le gardien viendra séjourner dans votre maison. De cette façon, votre Berger Allemand peut maintenir sa routine normale.

- Sont-ils assurés et cautionnés ? S'ils le sont, ils prennent l'activité au sérieux, ce qui augmente vos chances de traiter avec un professionnel.

- Quelle expérience pratique ont-ils ? S'ils ont eu leurs propres chiens et ont été impliqués dans le dressage, c'est un bonus.

- Peuvent-ils fournir des références et des témoignages ?

- Établissez un programme quotidien avec le gardien potentiel. Vous devez déterminer s'ils peuvent gérer les exigences qu'un Berger Allemand leur imposera.

- Assurez-vous que la personne à qui vous parlez est celle qui s'occupera de Wolfgang tout le temps. Faire équipe avec quelqu'un d'autre n'est pas acceptable.

- Y a-t-il des services supplémentaires qui pourraient valoir la peine d'être achetés, comme le toilettage et l'éducation ?

- Le gardien est-il familier avec le style de renforcement positif pour gérer un animal exigeant ?

- Déterminez la meilleure façon de rester en contact avec le gardien pendant votre absence. SMS, e-mail, appel téléphonique ?

- Pouvez-vous obtenir des nouvelles pendant votre absence ?

- Enfin, soyez prêt à répondre à une série de questions de la part de tout bon pet-sitter. Ils voudront en savoir autant que possible sur vous et votre animal. C'est également le signe d'un professionnel.

Une fois que vous avez réduit votre liste de gardiens potentiels à un seul que vous aimez, faites un essai. Un week-end loin vous dira si c'est celui sur qui vous pouvez compter.

Le meilleur pour la fin

J'avais une arrière-pensée quand j'ai présenté mon Berger Allemand de deux mois au voisin d'à côté. J'espérais qu'ils créeraient des liens à mesure que Cody grandirait, pour que mon Berger Allemand ne devienne pas « ce chien qui aboie à côté ». Et, bien sûr, c'est ce qui s'est passé. Cela n'a pas aidé que le voisin ait été mordu par un Berger Allemand quand il était facteur, mais aujourd'hui Cody et le voisin sont les meilleurs amis. Devinez où Cody reste chaque fois que ma femme et moi partons en voyage ? Oui, chez le voisin. Quand j'intitule cette section « Le meilleur pour la fin », je le pense vraiment. Si vous avez un membre de la famille, un ami ou un bon voisin qui peut s'occuper de votre Berger Allemand pendant votre absence, c'est probablement la meilleure des options. Il y a de fortes chances que si la personne qui garde votre animal a un lien personnel avec Wolfgang, vous savez qu'elle fera tout son possible pour que tout se passe bien.

CHAPITRE 16
Le repas du chien

Je me tiens dans une animalerie, scrutant les rayons de haut en bas. Il y a de la nourriture pour chiens partout. D'énormes sacs de croquettes sèches que la plupart des humains auraient du mal à charger dans leur voiture. Des étagères interminables contenant des milliers de boîtes de pâtée pour chiens avec une gamme vertigineuse d'étiquettes colorées. Et que dire des informations sur ces étiquettes !

- Source d'oméga
- Riche en nutriments avec acides aminés
- Sans céréales
- Ne contient ni sous-produits animaux, ni blé, ni maïs, ni soja
- Fabriqué en France avec des ingrédients d'origine mondiale
- Formule au poulet élevé en plein air

Si j'étais un propriétaire de chien novice face à tout cela, je serais consterné et abasourdi. J'étais un propriétaire d'animal novice. J'étais consterné et abasourdi. Élaborer un régime alimentaire équilibré pour votre Berger Allemand ne doit pas être stressant et ne doit pas vous coûter les yeux de la tête. Vous devez simplement être conscient que si votre Berger Allemand n'obtient pas l'équilibre adéquat de protéines, de graisses et de minéraux, sa santé peut en pâtir. Votre chien dépend de vous. Alors, vous devez vous poser quelques questions fondamentales et y répondre afin d'orienter correctement votre Berger Allemand et vous-même.

Lorsque vous avez récupéré votre chiot le premier jour, l'éleveur avait sevré Médor et l'avait habitué à des croquettes. C'était simplement le choix de l'éleveur et cela avait peut-être autant à voir avec le parrainage d'une entreprise d'alimentation pour animaux qu'autre chose. Il en va de même pour les aliments que votre vétérinaire pourrait vous recommander. Ce qu'il faut retenir, c'est que les aliments qui vous ont été suggérés peuvent être parfaitement adaptés, mais qu'est-ce que vous souhaitez faire, vous ?

Qu'est-ce qu'une alimentation équilibrée ?

Mettez trois propriétaires de Bergers Allemands dans une pièce et vous obtiendrez trois opinions différentes sur la meilleure façon de nourrir votre chien. Voici donc ce que je vais faire. Je vais vous présenter les options, vous dire ce que je fais, et ensuite vous pourrez déterminer la meilleure façon pour Médor d'obtenir ses calories quotidiennes. Et pas seulement des calories, mais aussi des nutriments. Commençons par les bases.

Boisson à volonté

Peut-être, et seulement peut-être, voici un aspect de l'alimentation sur lequel tous les amateurs de chiens peuvent s'accorder. La plupart d'entre nous ne prêtons pas beaucoup d'attention à l'eau, mais quand il s'agit de nos chiens, l'H2O est crucial. Les Bergers Allemands sont de grands chiens et ont évidemment besoin de plus d'eau que le Spitz nain de la mamie du quartier. Un Berger Allemand adulte, modérément actif, a besoin de boire environ 30 ml d'eau par kilo de poids corporel par jour. Temps plus chaud, plus d'exercice, alors plus d'eau.

Conseils pour l'eau

- De l'eau fraîche doit toujours être accessible.
- Changez-la fréquemment.
- Cela peut sembler étrange, mais encouragez votre Berger Allemand à boire. Ils ont beaucoup de choses en tête, et je pense que parfois ils oublient simplement de s'hydrater. Rappelez-le-leur.

L'alimentation de base

« La plupart des Bergers Allemands se portent très bien avec une alimentation commerciale équilibrée. Certains chiens peuvent avoir des allergies alimentaires ou des besoins diététiques particuliers, mais choisir un chien bien élevé devrait prévenir la plupart de ces problèmes. »

Katie Halfen
Casamoko Shepherds

Nous voilà donc de retour dans l'animalerie, contemplant les interminables rangées de calories canines préemballées. Si vous décidez de nourrir votre Berger Allemand exclusivement avec des aliments industriels, la plupart des marques sont élaborées pour fournir les nutriments de base dont Médor aura besoin. Beaucoup indiqueront qu'elles respectent les directives nutritionnelles établies par l'AAFCO (Association of American Feed Control Officials). Il s'agit de normes modèles établies à titre informatif et qui n'ont aucun rôle réglementaire. En France, la réglementation est gérée par les autorités nationales et européennes. Les aliments en conserve présentent généralement leur contenu de deux manières.

- Ingrédients
- Analyse garantie

Si vous êtes un lecteur d'étiquettes, surveillez quelque chose comme ce qui suit dans la liste des ingrédients. Imaginons que vous ayez une boîte de deux aliments pour chiens à base de poulet, de prix égal. Une entreprise indique comme premier ingrédient le poulet désossé. L'autre note comme premier ingrédient le bouillon de poulet. Laquelle devriez-vous ramener à la maison ? Je suggérerais que celle qui liste le poulet désossé en premier est probablement un meilleur rapport qualité-prix. Lisez les petits caractères.

Les aliments en conserve, ou aliments humides comme on les appelle aussi, peuvent constituer l'alimentation principale de votre Berger Allemand, mais à moins que vous ne complétiez l'alimentation de Médor avec d'autres choses, comme des os par exemple, ses dents ne bénéficieront pas de l'exercice dont elles ont besoin pour rester relativement propres. Je combine des aliments humides et des croquettes pour la plupart des repas de Cody. L'idée est que les croquettes fourniront une partie de l'action abrasive nécessaire pour éliminer le tartre qui peut s'accumuler sur les dents d'un chien.

Tous ces sacs d'aliments secs, ou croquettes, se présentent à peu près de la même manière que les aliments en conserve, mais en les examinant, vous trouverez les croquettes beaucoup moins appétissantes lorsque vous lirez les ingrédients. Les fabricants d'aliments secs se vantent également de respecter les niveaux nutritionnels de l'AAFCO ; par exemple, celui que j'ai devant moi indique le maïs comme premier ingrédient, suivi de farine de sous-produits de poulet, puis de riz de brasserie. Les aliments secs indiquent également l'analyse garantie. Cette analyse pourrait ressembler à ceci.

- Protéines brutes 23 %
- Matières grasses brutes 15 %
- Fibres brutes 3,9 %
- Humidité 10 %

Vous devez faire quelques recherches et lire les petits caractères, mais voici quelques directives nutritionnelles générales à suivre avec les aliments pour chiens préemballés.

- Les protéines devraient être le premier ingrédient listé et être identifiées comme une viande entière telle que le bœuf, le poulet ou le poisson. Les protéines contribuent à la construction et à l'entretien des muscles.

- Les matières grasses sont nécessaires dans l'alimentation de votre Berger Allemand. Elles aident à favoriser un pelage et une peau sains. Elles peuvent également être problématiques pour certains Bergers Allemands. Bien que les niveaux de matières grasses dans les aliments humides et secs ne soient généralement pas préoccupants, les Bergers Allemands peuvent avoir des difficultés à digérer les graisses, donc si vous complétez l'alimentation de Médor, mieux vaut éviter les aliments gras.

- Légumes et fruits. La plupart des chiens continueront à manger ce à quoi ils ont été habitués étant chiots. C'est pourquoi les chiens qui consomment des carottes, mangent des pommes et mâchent du brocoli ne sont pas rares. Ces aliments leur apportent également une multitude de minéraux et de vitamines qu'ils n'obtiendraient pas autrement sous cette forme. Les légumes et les fruits sont bons pour les processus de digestion et d'élimination de l'animal.

Pour compléter mes réflexions sur la nourriture en magasin, l'un des principaux inconvénients est le coût. Dans ce domaine, on obtient souvent ce pour quoi on paie, donc la meilleure nourriture pour Médor sera probablement aussi la plus chère.

Le cru : une bonne affaire ?

Voici une autre approche pour nourrir votre Berger Allemand. Un nombre croissant de propriétaires de chiens mettent leurs compagnons au régime alimentaire cru. Il existe différentes idées sur la façon d'y parvenir, mais voici l'idée principale : les chiens sont des carnivores et leur système est conçu pour consommer de la viande et des os crus. À quoi ressemble ce régime ? Le voici, dans sa forme la plus élémentaire.

Régime alimentaire cru, modèle « proie »
- 80 % de viande musculaire
- 10 % d'os comestibles
- 5 % de foie
- 5 % d'autres abats

Certains propriétaires de Bergers Allemands modifient encore davantage ce régime. Ils suivent ce qu'on appelle le régime « Franken Prey ». Ils assemblent des viandes et des parties de divers animaux et oiseaux, estimant qu'il est plus sain d'avoir une variété de protéines de « proies ». Il existe un troisième groupe de propriétaires qui nourrissent leurs Bergers Allemands avec des « proies entières ». Cela implique de nourrir l'animal de proie entière en une seule fois. Le concept ici est que tout est naturel et équilibré, provenant de ce seul élément au menu. Certains adeptes du cru ajouteront des Oméga 3 à l'alimentation de leurs animaux, estimant que les viandes commerciales manquent de cet acide gras.

Philosophie du cru
- Le cru est naturel
- Les matières végétales ne sont pas nécessaires pour les carnivores
- La supplémentation devrait être limitée

Il n'y a pas de statu quo dans le monde canin et les régimes alimentaires ne font pas exception. Alors que nous avons parlé d'un régime strictement cru pour les Bergers Allemands, présentant les chiens comme des carnivores naturels, il existe un autre groupe de propriétaires qui pensent que les chiens sont naturellement omnivores. Des mangeurs de viande et de plantes. Nourrir les chiens en adhérant à cette philosophie est connu sous le nom de régime BARF.

Les adeptes du BARF

BARF signifie Biologically Appropriate Raw Food (Nourriture Crue Biologiquement Appropriée). Je ne veux pas que tout ce chapitre porte sur le cru, mais je serais négligent si je ne mentionnais pas ce style de régime. Là où les adeptes du BARF diffèrent des adeptes du régime strictement carné, c'est que le menu est un peu plus ouvert.

- En plus de la viande et des os, le régime BARF comprend 10 % de légumes, fruits, graines et noix. Les partisans suggèrent également que tous les légumes ou fruits soient cuits à la vapeur ou en purée pour faciliter la digestion du chien.

Qu'est-ce que tu manges ?

C'est une question à laquelle nous devons tous faire face lorsque ces grands yeux de Berger nous fixent à l'heure des repas. Laissez-vous Médor manger de la nourriture pour humains ? Eh bien, je peux vous dire qu'il y a certains aliments que les humains consomment régulièrement qui sont toxiques pour les chiens. Passons en revue cette liste maintenant.

Ne pas nourrir les animaux avec
- Chocolat et caféine (cela inclut la poudre de cacao et le chocolat de cuisson)
- Raisins frais et secs
- Oignons
- Alcool
- Houblon (présent dans la bière)
- Noix de macadamia
- Noix
- Avocat

Crédit photo :
Eduardo De Luna

- Xylitol (un édulcorant artificiel présent dans divers bonbons, produits de boulangerie et certains beurres de cacahuète)
- Os cuits (ils peuvent se briser en morceaux)
- Aliments gras, y compris le bacon et les parures de graisse (ils peuvent provoquer une pancréatite)
- Pépins de pomme (ils contiennent de petites quantités de cyanure)

Tout le monde aime un repas fait maison, y compris les Bergers Allemands. Vous n'êtes pas obligé de leur donner des restes de table ; vous pouvez réellement planifier leurs menus et leur fournir une alimentation de bonne qualité, une nourriture que vous savez bénéfique pour eux parce que vous l'avez préparée. Je n'en suis pas encore au stade de la planification complète des repas pour Cody, mais j'achète de la viande au supermarché et je la cuisine pour la mélanger avec sa nourriture en conserve et ses croquettes habituelles. Si vous décidez de prendre la responsabilité de cuisiner pour votre Berger Allemand, vous devez avoir un plan nutritionnel en place. Certains vétérinaires pourraient vous aider, mais il serait peut-être préférable d'essayer de trouver un spécialiste en nutrition canine.

Vous pouvez commencer à offrir à Médor un meilleur régime alimentaire en complétant un menu acheté en magasin. Voici une liste d'exemples d'aliments à considérer, et n'oubliez pas, les Bergers Allemands adorent la vraie viande. Je recherche toujours les protéines à prix réduit pour consommer le jour même et je les cuisine en rentrant chez moi ou je les congèle pour une préparation ultérieure.

- Bœuf haché ou bœuf à ragoût en cubes
- Foie (occasionnellement)
- Thon et saumon
- Poulet
- Pâtes bouillies. Cela peut être divertissant de voir des fils de spaghetti pendre de la gueule de votre Berger Allemand.
- Œufs cuits
- Riz et pommes de terre
- Légumes cuits à la vapeur

Je réserve le fromage pour servir de friandises en petites quantités. Cody a un os à friandises en caoutchouc avec des trous à chaque extrémité qu'il traîne dans la maison le soir à la recherche d'un peu de beurre de cacahuète. Il en reçoit quelques touches la plupart des soirs. Il existe un million de recettes de nourriture pour chiens faite maison sur Internet, mais vous devez toujours superposer votre modèle nutritionnel à toute recette avant d'allumer la cuisinière.

Revenons à ces grands yeux de Berger Allemand qui vous fixent pendant le dîner. Vous savez, il est tout à fait acceptable de donner aux chiens quelques restes de table tant que vous gardez à l'esprit leurs besoins de santé. Je suggère de mettre tout cela dans la gamelle de Médor pour qu'il le mange. Vous ne voulez pas nourrir à la main depuis la table et vous retrouver avec un mendiant perpétuel. L'autre préoccupation à garder à l'esprit est le poids de votre chien.

Surveillance du poids

Si vous surveillez le poids de votre Berger Allemand dès le premier jour, vous avez plus de chances de gagner toute bataille contre les kilos superflus qui pourrait devoir être menée. C'est la même idée quand il s'agit de votre propre tour de taille.

Faits sur l'obésité

- Le taux d'obésité adulte en France est d'environ 17 %. C'est une personne sur six.

- La plupart des études situent le taux d'obésité canine à 50 %. C'est un chien sur deux, ce qui est stupéfiant.

À partir de ces chiffres, vous pouvez voir que ce que nous nous faisons à nous-mêmes, nous l'infligeons également à nos chiens. Et ce n'est pas juste. Il existe une formule assez standard pour les Bergers Allemands en surpoids.

> ➢ Suralimentation + Manque d'Exercice = Obésité

Cette formule ne tient pas compte des problèmes médicaux que Médor pourrait rencontrer. Si votre Berger Allemand prend du poids et que votre mode de vie n'a pas changé substantiellement, le premier recours, comme je l'ai dit maintes et maintes fois, est un examen médical chez votre vétérinaire pour écarter un problème physique.

Si vous avez un chien en surpoids et que vous avez cerné le coupable, autrement connu sous le nom de « l'homme dans le miroir », alors vous pouvez prendre des mesures pour mincir. Les propriétaires de Bergers Allemands ont un avantage : dans l'ensemble, en tant que race, ils n'ont généralement pas de problème de poids. Comment savoir si votre chien est en surpoids ?

- Rendez-vous au cabinet de votre vétérinaire et faites monter Médor sur la balance. Cela vous donnera un poids de référence.

- Vérifiez auprès du vétérinaire le poids idéal de votre chien.

- En moyenne, les Bergers Allemands pèsent entre 30 et 40 kilos.

- Regardez votre chien de côté. A-t-il une taille ? Si la taille n'est pas marquée, il y a un problème de poids.

- Passez vos mains sur sa cage thoracique d'avant en arrière. Si vous ne pouvez pas sentir les côtes, c'est un autre signe d'alerte.

Passer à l'action

Vous connaissez le chemin du cabinet de votre vétérinaire. Vous pourriez y conduire les yeux fermés. Lors d'une de vos visites, consultez-le pour élaborer un plan de perte de poids pour Médor. Votre vétérinaire tiendra compte de l'âge, de la santé générale et du nombre de kilos à perdre, et vous aidera à développer une approche quotidienne et progressive pour améliorer la santé de votre Berger Allemand. Il établira une limite calorique quotidienne. Ce plan pourrait impliquer de changer progressivement certains des aliments que vous avez fournis. Il pourrait également modifier la façon dont Médor mange.

Heures de repas

- Si vous avez été un adepte de l'alimentation en libre-service, cela devra probablement changer. L'alimentation en libre-service signifie que la nourriture est disponible en permanence, le chien choisissant quand et combien manger.

- Il est préférable d'établir un horaire d'alimentation. Deux repas par jour est l'approche conventionnelle, avec des portions strictement réglementées.

- Votre vétérinaire peut également suggérer une approche d'alimentation chronométrée. Cela nécessite de placer la nourriture pendant une période déterminée, disons trente minutes, puis de la retirer à la fin de ce délai.

- Les friandises sont peut-être quelque chose que vous souhaitez éliminer ou réduire drastiquement.

- Si vous avez complété l'alimentation de Médor avec des restes de repas humains, vous devrez abandonner cette pratique.

  Vous vous souvenez de la formule de surpoids mentionnée plus tôt ?

  ➢ Suralimentation + Manque d'Exercice = Obésité

Vous et le vétérinaire aurez réglé le problème de la suralimentation. Il est maintenant temps pour vous et votre Berger Allemand de mettre en œuvre la partie exercice. La perte de poids, comme vous le savez, devrait être un processus progressif. Et vous devez être cohérent dans votre approche. Si vous avez pensé à perdre quelques kilos, vous pourriez en faire un effort d'équipe et développer un programme d'exercice qui profitera à la fois à vous et à votre Berger Allemand.

Allez-y doucement

- Commencez votre programme d'exercice progressivement. Plusieurs promenades de quinze minutes (disons trois pour commencer) par jour. Vous pouvez peut-être ajouter un peu de temps à rapporter la balle, mais n'en faites pas trop.

- Au fur et à mesure que Médor et vous retrouvez la forme, vous pouvez augmenter progressivement le rythme. L'objectif peut être d'atteindre environ deux heures par jour. Cela peut être une combinaison de promenades, de lancers de balle, de tir à la corde, de cache-cache et de tout ce que vous pouvez imaginer pour bouger.

- La natation. Si vous pouvez mettre votre Berger Allemand dans l'eau, et la plupart d'entre eux adorent ça, c'est un excellent exercice relativement facile pour le corps, surtout le corps en surpoids. La modération est la clé.

Peut-être, juste peut-être, certains d'entre vous pensent : « Vous savez, tout cela semble génial, mais je n'ai tout simplement pas le temps de faire tout ça. Perdre du poids est une occupation à plein temps et j'ai déjà un emploi. » Eh bien, considérez ces idées.

- Demandez à d'autres membres de la famille de partager le temps d'exercice avec vous.
- Contribuez à l'économie locale. Engagez un promeneur de chiens pour emmener Médor faire le tour du quartier.
- Exercices d'intérieur. Même faire monter et descendre les escaliers à votre Berger Allemand quelques fois contribuera à brûler des calories.
- Si vous habitez assez près, rentrez déjeuner chez vous, et faites une promenade.
- Si vous n'habitez pas assez près pour rentrer déjeuner, pouvez-vous emmener votre Berger Allemand au travail avec vous ? Vos pauses pourraient être les pauses de Médor.
- Une visite au parc à chiens ou dans le jardin d'un copain canin peut être bonne pour une partie de jeu.

Si vous ramenez votre Berger Allemand à un poids de forme, vous le maintiendrez en meilleure santé plus longtemps, augmenterez son espérance de vie et, surtout, lui donnerez une meilleure qualité de vie. Chaque Berger Allemand ne mérite-t-il pas cela ?

Mon conseil

➢ *"Un chien en surpoids, c'est souvent un maître pas assez actif."*

Auteur inconnu

CHAPITRE 17
Salon de beauté du Berger

« La mue peut être différente selon que les chiens sont stérilisés ou non. En fait, les Bergers Allemands muent normalement deux fois par an, mais les chiens stérilisés semblent perdre leurs poils beaucoup plus fréquemment. Je pense que l'alimentation et le stress jouent également un rôle dans la mue. »

Doreen Metcalf
Timber Ridge Farm

Crédit photo :
Marisa McEachern

Parfois, les gens pensent que toiletter un Berger Allemand se résume à le brosser. Bien que ce soit certainement une partie importante de l'entretien du chien, ce n'est qu'un élément parmi d'autres. Nous aborderons dans ce chapitre tous les autres aspects permettant de garder votre Berger Allemand en bonne santé, comme le bain, le brossage des dents et la coupe des ongles, mais commençons par le magnifique double pelage qui équipe de série tous les Bergers Allemands.

Je ne peux m'empêcher de sourire lorsque je parcours divers forums canins en ligne et que je vois la question : « Comment puis-je empêcher mon Berger Allemand de perdre ses poils ? » Il existe une réponse assez simple à cette question quelque peu naïve. Vous ne pouvez pas les empêcher de muer. C'est pourquoi on les surnomme affectueusement les « Bergers Allemands à aspirateur ». Il y a certaines choses que vous pouvez faire pour rendre leur perte de poils gérable, mais vous ne serez jamais à l'abri de ces petites boules de poils qui roulent dans la maison. Ou de ces moments où l'on se demande : « Est-ce un poil dans ma bouche ? » Vous avez peut-être vu ces petites pancartes dans les boutiques touristiques qui disent quelque chose comme ceci.

« Ici, les poils de chien font partie du menu... et de la tenue. »

Il y a peut-être une part d'humour, mais c'est aussi une réalité du Berger Allemand. Croyez-moi, avec un bon aspirateur et des habitudes régulières de votre part, tout devient gérable. Il y a certaines tâches à accomplir, et si vous en faites des corvées quotidiennes, vous réduirez votre charge de travail globale.

Bergers à aspirateur

Lorsque vous accueillez un Berger Allemand chez vous, vous obtenez deux fois plus de poils pour le même prix. La plupart des gens ignorent que chaque Berger Allemand possède deux couches de poils :

1. Un poil de couverture, celui qui est visible à l'œil nu. C'est là que poussent les poils de garde plus longs qui tombent individuellement. Cette couche protège la peau du chien contre l'humidité et la saleté.

2. Un sous-poil, relativement dense avec des poils courts et qui tombe fréquemment en touffes. Cette couche garde les Bergers Allemands au chaud par temps froid et plus frais par temps chaud.

Mon conseil
➢ Ne rasez jamais votre Berger Allemand. Bien que certaines personnes puissent penser que cela le rafraîchira par temps chaud, en réalité, sans l'effet modérateur de son double pelage, le chien devient sensible aux coups de soleil et même aux coups de chaleur.

Faites-y face

L'une des façons de garder la mue de Crash sous contrôle est de le brosser tous les jours. De cette façon, vous recueillerez progressivement les poils détachés. Un problème de santé qui peut survenir d'un brossage peu fréquent est la formation de nœuds dans le sous-poil ; cela peut entraîner des irritations cutanées et des infections. Je vous suggère d'aborder les séances de brossage comme un moment de plaisir avec votre animal. Je n'ai jamais connu une séance de brossage de Cody qui ne se transforme pas en une petite lutte accompagnée de grognements et de tentatives peu convaincantes de s'échapper. Et c'est juste la réaction de ma femme quand elle brosse le chien. Une autre chose à laquelle il faut s'habituer, c'est qu'un Berger Allemand « explose » son pelage deux fois par an. Et le terme « explose » n'est pas utilisé à la légère. Cela se produit une fois en automne, apportant un pelage plus épais pour l'hiver, et au début du printemps, perdant le pelage d'hiver en prévision des jeux et des divertissements par températures plus chaudes. Vous pourrez remplir des sacs poubelle entiers de poils de Berger Allemand pendant ces semaines de forte mue.

Les outils du métier

« J'aime utiliser un simple râteau de toilettage et une brosse à poils métalliques. Cette combinaison fonctionne très bien, le râteau enlève le sous-poil mort et la brosse à poils métalliques aide à finaliser. Un séchoir pour chien à haute puissance est également fantastique pour éliminer le pelage lâche. Mais préparez-vous, ça va voler partout ! »

Celeste Schmidt
Dakonic German Shepherds

Il existe plusieurs articles qui vous faciliteront grandement la vie lorsqu'il s'agit de donner à Crash une coiffure éblouissante.

- Râteau pour sous-poil. Cela ressemble à un peigne à dents longues avec un manche de brosse et vous permet d'atteindre le sous-poil épais. L'utiliser sur votre chien est un peu comme lui faire un massage et il finira par adorer ça.

- Peigne de toilettage. C'est un peigne en acier qui vous permet de peigner plus finement des zones spécifiques.

- Brosse à picots. C'est une brosse très douce utilisée principalement pour traiter le poil de couverture. Elles peuvent être à double face, avec des picots plus courts et plus longs sur les côtés opposés.

N'oubliez pas d'être doux lors du brossage. Si vous avez un Berger Allemand à poil long ou à poil dense, n'oubliez pas de porter une attention particulière à la queue et au dessus des pattes. Les poils longs sur le dessus des pattes et entre les orteils peuvent facilement s'emmêler s'ils sont négligés. Si vous êtes constant avec votre brossage quotidien, cela peut être fait en dix minutes. Comme toutes les routines pour les Bergers Allemands, une fois qu'ils se sont habitués à la séance d'entretien, tout devrait se dérouler sans accroc. L'autre chose que je vous rappellerais de faire est de parler à votre Berger Allemand pendant toute activité avec lui. Ils vous écouteront sans fin et répondront rarement.

Le bain occasionnel

Les Bergers Allemands n'ont pas besoin de nombreux bains. En fait, la règle chez nous est que Cody n'est généralement pas lavé à moins qu'il ne sente tellement le chien que ce soit embarrassant. La théorie derrière cela est de ne pas éliminer les huiles essentielles du pelage qui aident à garder la fourrure saine et la peau de se dessécher.

- Lorsque vous baignez votre Berger Allemand, assurez-vous d'utiliser un shampooing pour chien. La plupart d'entre eux ont un pH neutre conçu pour la peau canine.

- Recherchez-en un qui contient des ingrédients naturels et des hydratants. Nous en utilisons un qui contient de la farine d'avoine.

- Si votre Berger Allemand a un problème de peau, il est préférable de consulter un vétérinaire pour tout shampooing médicamenteux qui pourrait être nécessaire.

Il est important de mentionner ici que si votre chien a un problème de peau, cela pourrait être directement lié à la nourriture qu'il consomme. Crash pourrait avoir des allergies, et un changement de régime alimentaire pourrait être la clé pour soulager toute détresse cutanée. Nourrir

Crédit photo :
Celeste Schmidt
Dakonic GSDs

votre Berger Allemand avec des aliments de haute qualité garantira également une peau et un pelage sains.

Conseils de coupe des ongles

Beaucoup de personnes sont intimidées à l'idée de couper les ongles de leur chien. En fait, je connais des gens qui se rendent dans une grande animalerie ou chez leur vétérinaire chaque fois qu'une « pawdicure » est nécessaire. Si vous commencez quand votre Berger Allemand est un chiot et que vous vous assurez d'avoir une paire de coupe-ongles de bonne qualité, vous pouvez vous en charger vous-même. Votre chien n'aimera peut-être jamais se faire couper les ongles, mais les Bergers Allemands apprendront à le tolérer.

- Vous devrez couper les ongles de Crash régulièrement. Les vérifier chaque semaine est une bonne chose. Si vous entendez un cliquetis sur le parquet lorsque votre chien se promène, c'est le moment.

- Coupez un peu à chaque séance. Les ongles de nombreux Bergers Allemands sont noirs et vous ne pourrez pas voir où commence la veine. La veine est une petite zone d'approvisionnement sanguin et de nerfs vers l'ongle. Si vous la coupez accidentellement, elle saignera.

- Assurez-vous d'avoir une sorte de poudre hémostatique à portée de main pour arrêter le saignement si vous faites une erreur.

- N'oubliez pas les ergots. Ils sont situés à l'intérieur de chaque patte.

Hygiène dentaire

Pendant que votre chiot grandissait, vous avez probablement passé beaucoup de temps à éviter sa gueule. Toutes ces mâchouillements et mordillements peuvent être fatigants à la longue. Maintenant, je vais vous dire que vous devez porter une attention particulière aux dents de Crash. Qu'il soit amateur d'os ou non, consommateur de friandises dentaires ou non, votre chien aura toujours besoin d'aide pour son hygiène bucco-dentaire. Tout comme chez les humains, si vous ne vous occupez pas de la plaque dentaire maintenant, vous devrez certainement vous en occuper plus tard.

- Si vous n'avez pas pris soin des dents de votre Berger Allemand et que vous devez les faire nettoyer professionnellement, cela peut coûter jusqu'à 800 euros. Votre chien pourrait également devoir subir une anesthésie générale pour la procédure. Vous ne voulez pas en arriver là.

Commencez tôt dans la vie de votre Berger Allemand et habituez-le au fait que vous allez mettre des choses dans sa gueule, y compris vos doigts. Quel que soit l'outil que vous décidez d'utiliser, vous devez simplement vous y mettre.

- Il existe toutes sortes de brosses à dents canines sur le marché. Certaines ont des poils inclinés qui peuvent aider à un brossage plus profond.

- Vous pouvez même obtenir une brosse qui s'adapte sur le bout de votre doigt si vous pensez que cela pourrait mieux fonctionner pour vous.

- Des lingettes dentaires pour chiens sont disponibles. Certaines sont fabriquées avec du bicarbonate de soude, c'est donc une façon assez naturelle de nettoyer les dents de Crash.

- Utilisez uniquement du dentifrice canin. Toutes sortes de saveurs, y compris notre préféré à la maison, le beurre de cacahuète.

- Vous pouvez utiliser du bicarbonate de soude à la place du dentifrice si vous pouvez amener votre chien à coopérer.

- Une autre façon de dépenser votre argent durement gagné et d'aider à lutter contre la plaque dentaire de votre Berger Allemand est de lui offrir des friandises dentaires. Beaucoup d'entre elles prétendent guérir la mauvaise haleine. Je vous laisse en juger.

- Juste un rappel. Les aliments secs, les croquettes, fournissent une certaine action abrasive sur les dents de votre chien.

Vous pouvez brosser les dents de votre Berger Allemand en quelques minutes une fois que Crash comprend le programme. Je suggère de brosser à la fin de la journée lorsque votre Berger Allemand est fatigué et que sa résistance peut ne pas être aussi vigoureuse.

- Passez du temps sur l'extérieur des dents, c'est là que s'accumule la plupart de la plaque.

- Concentrez-vous sur les dents supérieures pour la même raison.

- Idéalement, tenez votre brosse à un angle de 45 degrés et utilisez des mouvements circulaires.

- Pas besoin de rincer.

Permettez-moi de conclure cette section avec une statistique communiquée par l'AFVAC (Association française des vétérinaires pour ani-

Crédit photo :
Tricia Ansell

maux de compagnie) : dès l'âge de trois ans, la majorité des chiens présentent des signes de maladie parodontale.

Votre chien n'a pas à faire partie des malchanceux. Si vous vous fixez un objectif minimal de brossage trois fois par semaine, c'est probablement un objectif réalisable.

Les yeux ont leur mot à dire

Les yeux d'un Berger Allemand et sa vision sont définitivement parmi les merveilles de la nature. Pour commencer, les Bergers Allemands ne sont pas daltoniens. Ils peuvent voir de nombreuses nuances de gris, de bleu et de jaune. Le rouge et le vert, pas autant. Ils ont une excellente vision nocturne et un champ de vision beaucoup plus large que le nôtre, permettant aux Bergers Allemands de suivre les objets en mouvement mieux que les humains.

Heureusement, les Bergers Allemands ont relativement peu de problèmes de vision. Vous pourriez voir de temps en temps un peu de mucus dans le coin de son œil, mais rien qu'un rapide essuyage avec un chiffon propre et humide ne puisse résoudre. Si vous détectez quelque chose au-delà d'un peu de mucus, n'hésitez pas à consulter votre vétérinaire.

Prenez soin des oreilles

Vérifier les oreilles de Crash fait partie intégrante du processus de toilettage du Berger Allemand. Les oreilles se salissent simplement à cause de l'usure quotidienne habituelle, surtout pendant l'été. Il existe une solution de nettoyage pour les oreilles disponible chez votre vétérinaire que vous pouvez utiliser pour l'entretien. Il suffit de presser un peu de liquide sur une boule de coton propre et d'essuyer l'intérieur de l'oreille.

- Le grand ennemi des oreilles d'un Berger Allemand est l'eau. Si Crash va nager et que de l'eau pénètre dans ses oreilles, c'est un problème potentiel. L'eau modifie l'équilibre du pH dans l'oreille et peut préparer le terrain pour une infection. Nous utilisons maintenant la solution de nettoyage des oreilles fournie par le vétérinaire dans les oreilles de Cody après chaque baignade, suite à une infection de l'oreille.

- Un signe que Crash a un problème d'oreille est qu'il secoue beaucoup la tête et se gratte les oreilles. Si cela continue pendant un certain temps, une visite chez le vétérinaire s'impose.

Les oreilles de votre Berger Allemand devraient être examinées une fois par semaine. La solution pour les oreilles est relativement peu coûteuse et devrait toujours être gardée à portée de main. Elle peut vous épargner beaucoup de soucis. Le bon côté des oreilles dressées d'un Berger est qu'elles les rendent moins susceptibles aux problèmes par rapport aux races à oreilles tombantes.

Dans le prochain chapitre, nous aborderons quelques problèmes de santé de base pour votre Berger Allemand. Nous couvrirons de nombreux parasites et maladies que vous pouvez rencontrer. Mais ne vous inquiétez pas, je ne vous donnerai pas seulement des problèmes, je vous fournirai aussi des solutions.

CHAPITRE 18

Soins de santé de base pour le Berger Allemand

Revenons aux fondamentaux concernant votre compagnon canin. Ou plutôt, au deuxième fondamental. Le premier serait : vous ramenez Schatzi à la maison. Le deuxième : vous devez trouver un vétérinaire pour Schatzi. Mais attendez, pourquoi avez-vous besoin de trouver un vétérinaire ? Il existe un courant de pensée parmi certains propriétaires de chiens selon lequel les vétérinaires, bien qu'ils fournissent un service essentiel et accomplissent un bon travail, demandent à voir les chiens et autres animaux trop fréquemment. Et lors de ces visites fréquentes, ils prescriraient trop d'examens, de vaccinations et de médicaments. Cette pensée repose sur l'hypothèse que les vétérinaires agiraient ainsi pour augmenter leurs revenus, une pratique établie de longue date. Je ne vais pas m'attarder sur cette façon de penser, mais je tenais à vous la signaler. Comme je l'ai déjà mentionné, la recherche est la meilleure alliée du propriétaire de Berger Allemand pour déterminer ce qui vous convient.

Voici ce que je peux dire à propos de la théorie du « trop de vétérinaire ». Chacun est libre de décider à quelle fréquence et pour quelles raisons il se rend chez le vétérinaire. Mais je ne pense pas que quiconque souhaite prendre des risques avec la santé de son chien.

Recommandations de la SCC

Voici une liste des vaccins que la Société Centrale Canine recommande pour votre Berger Allemand.

1. Maladie de Carré
2. Rougeole
3. Parainfluenza
4. Rage
5. Hépatite
6. Parvovirose

En outre, il existe des vaccins optionnels disponibles et recommandés selon votre situation géographique.

1. Bordetella
2. Coronavirus
3. Maladie de Lyme
4. Leptospirose

Après la série de vaccinations pour chiots au cours des seize premiers mois, la SCC recommande les vaccins CHPPIL (maladie de Carré, hépatite, parvovirose, parainfluenza et leptospirose) et rage tous les un à trois ans, selon ce que vous et votre vétérinaire décidez.

Vaccinose

En parlant des vétérinaires, je manquerais à mon devoir dans cette section du livre si je ne mentionnais pas ce qu'on appelle la vaccinose. Il s'agit d'une affection chronique qui semble découler des vaccinations et qui n'est généralement pas mentionnée par les vétérinaires traditionnels. Les symptômes peuvent aller de la fièvre et de la perte de poils à des manifestations plus graves comme le cancer et les crises d'épilepsie. Ces symptômes ne se manifestent généralement que longtemps après l'administration de multiples vaccins. Certains vétérinaires holistiques sont très bien informés sur la vaccinose. Si vous êtes préoccupé par cette possibilité pour votre chien, il serait préférable de consulter un vétérinaire qui estime que des vaccinations inutiles peuvent créer des maladies chroniques.

Donc, quel que soit le programme de vaccination que vous choisissez, vous devez entretenir une relation suivie avec votre vétérinaire. Des problèmes ordinaires vont survenir : infections des oreilles, diarrhée persistante, points chauds qui ne guérissent pas... la liste est presque interminable. De plus, je vous recommande une visite annuelle pour un bilan de santé de Schatzi, même si vous pensez que tout va bien. Au minimum, lors de ce rituel annuel, vous pourrez peser votre Berger Allemand et faire examiner votre chien par des yeux professionnels et expérimentés. Le prix d'une consultation chez le vétérinaire vous achète une certaine tranquillité d'esprit. C'est ce qu'on appelle des soins de santé préventifs. J'appelle cela une bonne idée.

Qu'est-ce qui vous démange ?

L'un des aspects les moins souhaitables de la possession d'un Berger Allemand, ce sont les compagnons indésirables qu'il peut ramener à l'occasion. Je veux parler de choses comme, disons, les puces. Rien que d'écrire ce mot, ça me démange. Les puces sont plus que de simples nuisibles. Ces petits suceurs de sang constituent un véritable risque pour la santé.

Maladies transmises par les puces

C'est là qu'une bonne routine de toilettage peut étouffer dans l'œuf un problème potentiellement grave. Vous connaissez le double pelage du Berger Allemand, nous en avons déjà parlé. C'est le sous-poil qui est préoccupant ici. Le sous-poil, pour les puces, c'est un peu comme une planque de brigands dans un vieux western . Une fois que les puces s'y sont cachées, il est difficile de les déloger. Donc, si vous brossez et peignez régulièrement le pelage de votre Berger Allemand, vous devriez pouvoir repérer rapidement les signes d'une infestation de puces, comme les excréments de puces, qui ressemblent à de petites taches noires, ou les petites bêtes elles-mêmes. Les puces sont minuscules mais visibles à l'œil nu et elles sauteront si vous les repérez. Si vous les voyez ou si vous remarquez des signes de leur présence, voici ce que vous devez faire.

En finir avec les puces

Vous devez attaquer les puces sur plusieurs fronts, mais commençons par le chien. Si vous voyez votre Berger Allemand se mordiller, se gratter et se mordre beaucoup, il y a de fortes chances que vous et Schatzi soyez les hôtes d'une fête aux puces.

- Utilisez un shampooing antipuces sur votre Berger Allemand. Cela éliminera les insectes, au moins temporairement.

- Vous devez ensuite obtenir une protection à long terme pour Schatzi. Vous avez plusieurs options. Il existe des traitements topiques comme Advantix ou Frontline, qui sont appliqués avec des gants sur la nuque du chien. Des produits comme Bravecto et NexGard se présentent sous forme de comprimés à mâcher qui durent de un à trois mois. Il existe également des colliers antipuces assez efficaces sur le marché. Votre choix doit être basé sur ce qui, selon vous, fonctionne le mieux.

- Vous devriez envisager de pulvériser votre jardin avec un insecticide pour éradiquer toute population existante de puces.

- Si l'infestation dure depuis un certain temps, il y a des chances que les insectes aient également élu domicile dans votre maison. Le cycle de vie des puces est tel que même si vous avez tué les adultes, il y a des œufs et des larves qui attendent leur tour pour vous rendre la vie infernale. Vous devrez alors traiter l'intérieur de votre domicile.

Prévenir les maladies

J'ai mentionné que les puces constituent un risque pour la santé, et voici pourquoi. Ces petits parasites peuvent causer de gros problèmes à votre Berger Allemand s'ils ne sont pas contrôlés.

- Infections. Les insectes mordent, mordent et mordent encore. Votre chien va mordiller, mâchouiller et se gratter, créant des plaies ouvertes qui donnent accès aux bactéries néfastes pour faire leurs méfaits.

- Dermatite. Certains Bergers Allemands sont allergiques aux piqûres de puces. Cette réaction allergique entraîne des infections cutanées.

- Ténias. Rien que d'y penser, j'en ai des frissons. Les chiens mordent naturellement toutes les puces qu'ils peuvent atteindre et les mangent parfois. Si Schatzi ingère une puce infectée par un ténia, il est en danger.

- Peste. Les morsures de puces peuvent transmettre cette maladie à votre chien si les puces ont été en contact avec un animal sauvage infecté.

- Anémie. Les Bergers Allemands peuvent souffrir d'un faible taux de globules rouges, ce qui entraîne une fatigue sévère s'ils sont trop souvent mordus par des puces.

Parlons des tiques

Les tiques représentent une menace bien plus grave pour votre chien que les puces. Les différentes sortes de tiques sont minuscules et, lorsque vous les repérez, si vous les examinez à la loupe, elles ressemblent à une araignée lente et laide. Elles sont peut-être petites, mais elles peuvent causer une multitude de problèmes à votre Berger Allemand si on ne s'en occupe pas. Les tiques, comme les puces, cherchent également à sucer le sang de votre chien, mais en échange, elles laissent derrière elles diverses maladies débilitantes. Ce n'est pas un échange équitable.

Signes révélateurs de tiques

Les tiques sont sournoises. Je ne sais pas quel genre de petit cerveau elles ont, mais vous les trouverez quand et où vous vous y attendez le moins. Elles sont présentes dans la plupart des régions de France, il n'y a donc pas moyen d'échapper à ces petits arachnides. Elles ne peuvent pas sauter sur votre chien. Au lieu de cela, elles se prélassent sur des choses comme les longues herbes et montent sur Schatzi lorsqu'elle passe à côté. Voici comment savoir si des tiques rôdent dans votre quartier.

- Vous pouvez réellement les voir. Je les ai trouvées en train de ramper sur mes vêtements et, parfois, sur le sol. Elles ressemblent à un petit point, mais elles se déplacent lentement, cherchant un endroit où planter leurs dents. Si vous en voyez une dans la maison, elle est probablement arrivée sur votre chien.

- Lorsque vous brossez votre Berger Allemand, vous pourriez tomber sur ce qui semble être une petite bosse sur la peau de votre chien. Un examen plus approfondi s'impose. Il pourrait s'agir d'une tique attachée qui se nourrit encore.

- Si Schatzi se lèche ou se mordille beaucoup, vous devez y regarder de plus près. Si vous voyez ce qui ressemble à une croûte, là encore, il pourrait s'agir d'une tique.

- Si votre Berger Allemand n'a pas beaucoup d'appétit et semble un peu abattu, il pourrait avoir de la fièvre liée à une morsure de tique. Une défense clé contre les tiques est l'examen régulier et minutieux de votre chien.

- Une tique attachée continuera à se nourrir, augmentant lentement de taille jusqu'à devenir aussi grosse qu'un petit ongle.

Il existe plusieurs méthodes suggérées pour retirer les tiques, mais une chose à garder à l'esprit est de ne jamais essayer d'utiliser vos doigts nus. Presser une tique pourrait envoyer plus de matière toxique dans le système de votre chien. Les tiques ont un corps d'une seule pièce, donc lorsque vous les retirez, il est important de vous assurer que vous ne les déchirez pas et que vous ne laissez pas la bouche enfoncée dans votre Berger Allemand.

- Vous pouvez utiliser une pince à épiler à pointe émoussée. En saisissant la tique avec la pince aussi près que possible de la peau de votre chien, tirez doucement vers le haut d'un mouvement continu et droit.

Mon conseil

➤ Nous avons eu de bons résultats chez nous en utilisant ce qu'on appelle un crochet tire-tique. Cela ressemble à un mini pied-de-biche. Avec ce petit outil pratique, vous placez les dents de chaque côté de la tique et vous tournez tout en tirant vers le haut.

Maladies transmises par les tiques

1. Maladie de Lyme. Les symptômes comprennent le manque d'appétit, la léthargie, les douleurs articulaires et la boiterie. Les antibiotiques peuvent être efficaces pour traiter les symptômes.

2. Fièvre pourprée des montagnes Rocheuses. Fièvre, lésions cutanées, douleurs articulaires et vomissements. Les antibiotiques peuvent aider.

3. Ehrlichiose canine. Fièvre, perte d'appétit, saignements de nez. Là encore, des antibiotiques sont prescrits.

4. Anaplasmose canine. Outre la fièvre, les vomissements et la diarrhée, les chiens peuvent souffrir de convulsions. Antibiotiques suggérés.

5. Hépatozoonose canine. Fièvre, douleurs musculaires, selles sanglantes. Peut être souvent mortelle. Des antibiotiques sont utilisés pour combattre cette vilaine maladie.

6. Bartonellose canine. Fièvre et boiterie. Si elle n'est pas traitée, le chien peut développer une maladie cardiaque ou hépatique. Les antibiotiques doivent être envisagés.

7. Babésiose canine. Anémie et vomissements. Les antibiotiques sont au programme pour le traitement.

Vers et parasites

Presque tous les chiens auront des vers au cours de leur vie. En fait, la plupart des chiots commencent leur vie avec eux et doivent être vermifugés plusieurs fois dans leur jeune âge. Voici quelques-uns des petits parasites qui peuvent s'introduire, littéralement, dans la vie de votre Berger Allemand.

- **Vers ronds.** Ces petits animaux peuvent être trouvés chez les chiens de tout âge. Les chiots peuvent les contracter de leur mère et les adultes peuvent les attraper en se couchant sur un sol infecté ou en consommant un petit animal, comme une souris infectée. De nombreux chiens ne présentent aucun signe d'infection et un échantillon de selles analysé par votre vétérinaire peut déterminer s'ils sont présents. Le traitement consiste en un médicament vermifuge administré par voie orale. Ces parasites peuvent également infecter les humains.

- **Ankylostomes.** Ces parasites intestinaux élisent domicile dans le système digestif de votre Berger Allemand. Ils vivent dans de nombreux types de sols et peuvent infecter votre chien par contact. Comme ces vers sont des suceurs de sang, ils peuvent laisser votre animal avec de la diarrhée et lui faire perdre du poids. Un médicament vermifuge est prescrit.

- **Ténias.** Ce sont des nuisibles qui s'attachent aux intestins du chien. Vous pouvez en trouver des traces autour de la région anale. Ils peuvent ressembler à des grains de riz. Rappelez-vous les conseils sur les puces plus tôt dans ce chapitre. Si vous menez une opération contre les puces, vous réduisez les chances que Schatzi devienne l'hôte de cette menace. Un médicament oral est prescrit.

Crédit photo : Amy Fusco

- **Trichures**. Ils vivent dans les intestins de votre chien. Les larves de trichures peuvent être trouvées dans les excréments canins ou dans le sol environnant. Nettoyer régulièrement après votre chien limitera les opportunités pour les trichures. Des médicaments sont disponibles.

- **Vers du cœur.** Ces tueurs potentiels vivent dans le cœur et les poumons de votre animal et sont transmis par les moustiques. Les adultes peuvent mesurer 30 cm ou plus de longueur. La fatigue et l'essoufflement sont des signes d'infection. La dirofilariose peut être mortelle. Il existe des pilules mensuelles et des médicaments topiques mensuels qui peuvent être administrés. Il existe des médicaments disponibles qui traitent plusieurs menaces de vers en même temps.

Autres parasites

Au risque de vous déprimer complètement, je dois mentionner quelques autres menaces pour la santé de votre Berger Allemand. Rappelez-vous, il vaut mieux savoir ce à quoi vous pourriez avoir affaire que d'être pris par surprise. Il est peu probable qu'avec des soins attentifs et consciencieux, votre chien rencontre beaucoup de ces nuisances. Vous êtes toujours avec moi ? OK, juste quelques-uns de plus, c'est promis.

- **Giardia.** Un minuscule parasite qui vit, oui, vous l'avez deviné, dans l'intestin de votre chien. Mon chien, Cody, a été infecté à quelques reprises parce qu'il insiste pour boire l'eau des étangs parfois quand je ne surveille pas assez attentivement. Habituellement, la diarrhée est le résultat de cette infection. Des médicaments prescrits par le vétérinaire pris pendant environ deux semaines devraient régler le problème.

- **Acariens des oreilles.** De petits nuisibles qui peuvent tourmenter les oreilles de votre chien. Vous pourriez voir ce qui ressemble à une substance semblable à du cérumen de couleur foncée dans les oreilles, qui peuvent devenir rouges et enflammées. Les acariens des oreilles sont contagieux. Un grattage persistant est un indice de leur présence. Un médicament topique est disponible et un nettoyage régulier des oreilles est indispensable.

- **Gale.** Un acarien qui s'enfonce dans la peau, ce qui pousse le chien à se gratter compulsivement. Le grattage conduit à déchirer la peau et des croûtes se forment. La perte de poils par plaques est également un symptôme. Très contagieuse si les animaux sont en contact étroit. La tonte du pelage peut être nécessaire pour le traitement. Un shampooing médicamenteux et un médicament oral pourraient être prescrits.

- **Coccidie.** Un autre parasite qui loge dans l'intestin. Les excréments de chien et le sol contaminé sont les coupables de la transmission. La diarrhée sanglante est le résultat de l'infection. Votre vétérinaire peut prescrire des médicaments.

Stérilisation, castration ou intact

Vous êtes certainement libre de stériliser ou de castrer votre Berger Allemand quand vous le souhaitez. Est-ce une bonne idée de stériliser ou de castrer votre animal tôt dans sa vie si vous le décidez ? La réponse est non. Devez-vous stériliser ou castrer votre Berger Allemand ? La réponse est non. Cela étant dit, examinons les avantages et les inconvénients de cette décision, et du moment choisi.

Pendant longtemps, les vétérinaires ont recommandé que tous les chiens soient stérilisés ou castrés à l'âge de six mois. C'était une règle stricte. Pourquoi ont-ils fait cela ?

- Prévention des portées non planifiées
- Réduction de certains risques pour la santé, comme le cancer des testicules chez les mâles et les infections utérines potentiellement mortelles chez les femelles
- Réduction des problèmes comportementaux comme l'agressivité et la fugue

Crédit photo :
Andrea Liu

Maintenant, cependant, de nombreux vétérinaires et éleveurs se sont éloignés de l'approche standardisée de stérilisation et de castration précoces. Ils recommandent que les Bergers Allemands, si vous allez les stériliser ou les castrer, ne soient pas opérés avant qu'ils soient beaucoup plus âgés, quelque part entre seize et vingt-quatre mois, ou plus. Pourquoi ? Il y a plusieurs raisons, certaines particulières à la race du Berger Allemand.

Stérilisation ou castration tardive

- Les Bergers Allemands n'atteignent pas leur pleine maturité physique avant l'âge de deux ans ou plus.

- La stérilisation ou la castration avant la maturité physique augmente considérablement le risque de troubles articulaires comme la dysplasie de la hanche et les déchirures ligamentaires.

- Probabilité accrue d'incontinence urinaire chez les femelles Berger Allemand stérilisées avant l'âge d'un an.

La stérilisation ou la castration précoce élimine les hormones sexuelles du corps du chien. Les chercheurs pensent que les hormones sexuelles jouent un rôle régulateur dans le processus de croissance. Sans la testostérone ou l'œstrogène, les chiens grandiront plus que la normale avec des membres plus longs. C'est là que les problèmes articulaires entrent en jeu.

Chacun prendra sa propre décision en fonction des circonstances individuelles. Mon Berger Allemand a cinq ans, il est intact et je n'ai eu aucune difficulté avec lui. Il n'est pas excessivement agressif et ne « fugue » pas. Nous sommes responsables lorsque nous sortons avec lui et il est étroitement surveillé, mais il ne nous a jamais donné de raison de nous inquiéter. Je vous suggère donc d'abandonner l'approche standardisée. Consultez votre vétérinaire et faites ce qui est le mieux pour votre famille.

CHAPITRE 19
Les défis du chien âgé

J'ai toujours trouvé que les chiens de tous âges sont très amusants. Compagnons d'exercice, partenaires de sieste, échangeurs de conversation, passionnés des repas, membres de l'équipe de sécurité... quels que soient les rôles sociaux, les Bergers Allemands peuvent continuer à les assumer en vieillissant. Parmi les meilleurs aspects des chiens plus âgés : ils sont plus calmes, ils apprécient une routine domestique, ils restent actifs tout en sachant prendre des pauses.

Lorsque j'ai commencé à rédiger ce chapitre sur les Bergers Allemands âgés et ce que les propriétaires pourraient vouloir savoir sur leurs compagnons durant leurs vieilles années, j'ai eu du mal à définir ce qu'est un Berger Allemand senior. Comme pour les humains, l'âge chronologique d'un Berger Allemand est finalement déterminé par sa santé et sa condition physique. Si l'on considère l'espérance de vie moyenne d'un Berger Allemand, qui est de dix à treize ans, j'en conclus que les Bergers atteignent, en moyenne, le statut de senior quelque part entre sept et dix ans. Chaque chien est un individu unique qui mérite d'être évalué

selon sa condition physique et mentale. Laissons maintenant de côté la question de l'âge et passons à certains points auxquels il faut prêter attention lorsque César vieillit.

Les défis des soins

« Il existe de nombreux problèmes génétiques dans la race, c'est pourquoi un dépistage sanitaire judicieux est important avant la reproduction. Parmi les problèmes génétiques observés dans la race, on trouve : la dysplasie de la hanche, la dysplasie du coude, les malformations cardiaques congénitales comme la SAS, la CIV, l'épilepsie, la torsion mésentérique, le syndrome dilatation-torsion de l'estomac, l'insuffisance pancréatique exocrine, la panniculite, les fistules périanales, les maladies thyroïdiennes, la myélopathie dégénérative. Certaines de ces maladies disposent de tests de dépistage, tandis que d'autres nécessitent un examen minutieux et des recherches généalogiques par l'éleveur. Beaucoup de ces problèmes génétiques sont incroyablement coûteux à gérer ou à traiter, et certains peuvent même mettre la vie en danger. »

__Katie Halfen__
Casamoko Shepherds

Tout d'abord, je souhaite mentionner certaines considérations de santé qui ne concernent pas uniquement les Bergers Allemands âgés, mais les Bergers Allemands de tout âge. Il est important de surveiller régulièrement votre chien car ces affections peuvent apparaître soudainement. Si vous détectez les problèmes tôt, comme un bon partenaire, vous pouvez aider à maintenir la qualité de vie de votre chien pendant de nombreuses années.

Le syndrome dilatation-torsion de l'estomac

Il s'agit d'une affection grave qui peut tuer votre chien relativement rapidement, mais quelques routines simples peuvent réduire au minimum les risques que cela se produise. Dans ce trouble, l'air, les fluides digestifs et les gaz sont piégés dans l'estomac, provoquant son expansion et souvent une torsion douloureuse. Lorsque la torsion se produit, la circulation sanguine est coupée. C'est une urgence et un traitement vétérinaire immédiat est crucial. Pour aider à prévenir ce syndrome, faites

de la liste suivante une habitude quotidienne. Le risque que cela se produise augmente malheureusement avec l'âge du Berger Allemand.

- Ne faites pas faire d'exercice à César pendant une heure avant ou après un repas.

- Répartissez la consommation alimentaire de votre chien tout au long de la journée. Les repas copieux peuvent poser problème.

- Les Bergers Allemands adorent boire de l'eau, mais évitez qu'ils en boivent trop d'un coup.

- Le siméthicone, un réducteur de gaz, peut être administré aux chiens pour réduire les ballonnements en cas d'urgence. Ce n'est toutefois qu'une solution provisoire, et vous devez quand même consulter un vétérinaire.

Insuffisance pancréatique exocrine (IPE)

L'IPE est un trouble qui peut apparaître chez les Bergers Allemands de tout âge. Cette maladie perturbe la production d'enzymes digestives par le pancréas ou interfère avec l'utilisation de ces enzymes dans le système digestif. Les signes indiquant que votre chien pourrait avoir ce problème sont des vomissements, de la diarrhée, une augmentation de l'appétit et une perte de poids.

- Le traitement de l'IPE consiste à administrer une enzyme digestive au chien à chaque repas pour le reste de sa vie. Des études suggèrent que l'IPE peut être héréditaire.

Myélopathie dégénérative

La MD est un trouble génétique qui affecte généralement les chiens d'âge moyen ou âgés. Cette maladie neurologique entraîne une faiblesse progressive de l'arrière-train qui aboutit à la paralysie. Il n'existe ni remède ni traitement efficace.

Ostéoarthrite (OA)

On la trouve fréquemment chez les Bergers Allemands d'âge moyen et âgés. L'OA apparaît souvent chez les animaux qui ont souffert de dysplasie de la hanche et du coude. Les excroissances osseuses et l'épaississement des tissus articulaires provoquent douleur et raideur, limitant les mouvements du chien. Le cartilage articulaire se détériore progressivement, et l'affection est évolutive. Vous pourriez manquer les premiers stades de cette maladie, mais si vous pensez que votre chien ralentit, qu'il n'est tout simplement pas aussi actif qu'avant, recherchez les signes d'OA.

- Boiterie et douleurs
- Difficulté à monter dans la voiture
- Démarche anormale en marchant
- Problèmes pour se lever après s'être reposé

Bien qu'il n'existe pas de remède contre l'OA, certains traitements efficaces permettent de maintenir une qualité de vie relativement élevée pour votre Berger.

- Maintenir un poids raisonnable chez votre chien soulage la pression sur les articulations affectées
- Physiothérapie, y compris traitements par le chaud et le froid
- Acupuncture
- La glucosamine et le sulfate de chondroïtine peuvent réduire l'inflammation

Fistule périanale

Malheureusement fréquente chez les Bergers Allemands, une fistule périanale est une ouverture anormale et douloureuse dans la peau autour de l'anus du chien. Si elles ne sont pas traitées, ces fistules peuvent s'étendre et former des plaies ouvertes. La constipation, le léchage répété de la zone anale et une odeur nauséabonde sont des indicateurs potentiels de ce problème.

- Une intervention chirurgicale peut être nécessaire pour éliminer les fistules
- Des antibiotiques pourraient être nécessaires pour traiter l'infection
- Une personnalisation minutieuse de l'alimentation peut aider à contrôler le trouble

Maladie de von Willebrand (vWD)

Il s'agit d'un trouble de la coagulation qui implique un manque de coagulation similaire à l'hémophilie chez l'homme. La vWD est un trouble héréditaire. Plusieurs symptômes peuvent indiquer que votre Berger Allemand souffre de vWD.

- Saignement excessif après une blessure ou une chirurgie
- Saignement interne qui se manifeste par du sang dans l'urine ou les selles
- Saignements de nez et saignements des gencives

La transfusion sanguine est le principal moyen de traiter la vWD. Certains chiens peuvent bénéficier de suppléments thyroïdiens s'ils sont hypothyroïdiens.

Pannus

Le pannus est une affection liée au système immunitaire qui touche la cornée du chien, c'est-à-dire la partie transparente de son œil. Il apparaît d'abord sous forme de rougeur, puis ce qu'on appelle la « troisième paupière », ou le coin de l'œil, devient gonflé et enflammé. Il affecte généralement les deux yeux. S'il n'est pas traité, le pannus provoquera la cécité.

- Des collyres stéroïdiens sont recommandés
- Évitez la lumière ultraviolette

Le traitement n'est pas un remède, mais il arrête généralement la progression de la maladie.

Rester en vie

Je sais que je viens de vous bombarder d'informations. Cela peut être un peu déprimant si nous ne le mettons pas en contexte. Toutes ces maladies et troubles que j'ai inclus dans la première partie de ce chapitre existent et oui, ils affectent certains Bergers Allemands. Mais il y a de fortes chances que votre chien, s'il vient d'un éleveur responsable, ne soit affecté par aucune des maladies héréditaires. Certaines autres peuvent être bien gérées lorsqu'elles sont détectées tôt.

À mesure que votre Berger Allemand entre dans ses années plus matures, vous pouvez faire plusieurs choses pour l'aider à faire face aux changements corporels qu'apporte le vieillissement. Commençons par l'alimentation.

L'alimentation d'abord

Les chiens âgés ont un métabolisme plus lent. C'est un fait. Cela signifie que le menu avec lequel ils ont travaillé jusqu'à présent dans leur vie peut ne plus leur convenir. Lorsqu'ils commencent à avoir un mode de vie moins actif, après avoir vérifié tout problème médical, vous devrez envisager de changer progressivement la nourriture et les friandises qui sont proposées dans votre maison au quotidien. Certains vétérinaires pensent que les chiens plus lourds et en surpoids vieillissent plus vite que les animaux plus minces. C'est un élément à prendre en compte lors de la planification alimentaire.

- Protéines de haute qualité. César a besoin de bonnes protéines maintenant plus que jamais à ce stade de sa vie. Les Bergers Allemands sont sujets à la perte musculaire en vieillissant, il est donc impératif de maintenir l'accès à des protéines de qualité.

- Nourriture facilement digestible. Comme un bon analyste de contrôle qualité, vous devez surveiller les entrées et les sorties du système digestif de votre Berger. Les gens me regardent parfois étrangement lorsque j'examine les excréments de mon chien, mais sérieusement, vous devez le faire. Des selles volumineuses, molles et malodorantes sont des signes que César n'utilise pas les nutriments de sa nourriture. Il est temps d'essayer autre chose.

- Glucides. Les chiens n'ont pas besoin de beaucoup de glucides. La plupart des aliments industriels pour chiens en sont surchargés. Un excès de glucides peut contribuer à la prise de poids, il est donc judicieux de surveiller attentivement la quantité présente dans l'alimentation de votre Berger à mesure qu'il vieillit. Les friandises n'échappent pas à l'examen minutieux des glucides, alors faites également attention au nombre de friandises à la patate douce que vous distribuez.

- Les calories, tout simplement. Je ne veux pas être obsédé par le poids, mais si les chiens âgés bougent moins et si cela les prédispose à la prise de poids, alors le total des calories doit figurer sur votre liste de surveillance. Les aliments industriels destinés aux seniors peuvent être riches ou pauvres en calories selon la marque, vous devez donc lire l'étiquette.

- Problèmes dentaires ? Si votre Berger Allemand âgé a des problèmes de gencives ou de dents, vous devez envisager de lui fournir une nourriture plus molle à manger. Les croquettes dures peuvent parfois exacerber les problèmes dentaires existants. Certains aliments commerciaux se vantent de leurs bienfaits pour la santé dentaire. Consultez votre vétérinaire pour avoir un avis sur ces produits.

- Compléments articulaires et acides gras. Les humains en prennent et votre Berger Allemand âgé peut également en bénéficier. L'ajout de glucosamine et de chondroïtine à l'alimentation d'un chien peut aider à soulager les articulations raides liées à l'arthrite. Les acides gras EPA et DHA peuvent aider à réduire l'inflammation.

Contrôle du climat

Lorsque votre chien est plus jeune, vous ne passez pas nécessairement beaucoup de temps à vous demander si la chaleur ou le froid le dérange. Oui, il peut avoir besoin de se mettre à l'ombre ou d'aller dans un endroit climatisé, et vous ne voulez pas laisser César dehors trop longtemps par une journée d'hiver. Mais si vous êtes comme moi, vous n'êtes pas préoccupé par le contrôle du climat pour votre Berger Allemand. Pour un chien âgé c'est une toute autre histoire.

- Les chiens âgés, comme les personnes âgées, peuvent perdre la capacité de maintenir une température corporelle constante en raison de changements dans leur métabolisme. Par exemple, cela signifie que par temps chaud, les Bergers seniors pourraient ne pas supporter cette longue promenade par 32 degrés. La déshydratation est également une préoccupation. Il en va de même pour le froid. Vous pourriez devoir mettre un pull à ce grand et robuste Berger Allemand.

Se mettre en mouvement

L'exercice est toujours important à n'importe quel stade de la vie de votre chien. Vous devrez peut-être le réduire à mesure que les années avancent, surtout si votre Berger Allemand senior a des problèmes de santé, mais il est important de maintenir ces promenades quotidiennes, par exemple. Vous pouvez toujours faire beaucoup des mêmes choses, mais ne les faites pas aussi longtemps. Voyez les choses ainsi : votre bras pourrait être moins douloureux à l'occasion en raison de moins de lancers de balle. Vous êtes d'accord avec ça, n'est-ce pas ? Encore quelques conseils.

- Divisez toute période d'exercice en plus petits segments de temps. Cela donnera à votre Berger Allemand âgé le temps de récupérer entre les séances d'activité.

- Soyez moins vigoureux dans votre style de jeu. Relâchez un peu pendant le tir à la corde, par exemple.

C'est un état d'esprit

À mesure que votre chien vieillit et ralentit, une tendance naturelle pourrait être de le laisser parfois derrière. « Il est trop lent » ou « Cela prendra trop de temps » sont des refrains familiers que l'on entend parfois des enfants. Il est important de se rappeler que les chiens âgés ont besoin de la stimulation d'un voyage au magasin ou d'une balade à la campagne tout autant que les jeunes Bergers Allemands. Les pique-niques, les réunions de famille, les fêtes dans le jardin sont autant d'occasions de stimuler César et de le maintenir impliqué et motivé. Alors que la vie continue de bouger rapidement et que tout le monde semble occupé, n'oubliez pas votre chien. L'inclure favorise un état d'esprit sain.

Toilettage de votre berger et discussions vétérinaires

Maintenir une routine fréquente et régulière de toilettage est encore plus important à mesure que votre Berger Allemand vieillit. Les chiens âgés et leur système immunitaire sénior reçoivent un coup de pouce si le brossage et le peignage réguliers se poursuivent, ainsi que le lavage fréquent de leur literie. Les seniors pourraient ne pas être aussi méticuleux quant à leur hygiène personnelle qu'ils l'étaient autrefois, vous pouvez donc les aider en restant vigilant. L'approche pratique pendant le toilettage vous donne également l'occasion de passer vos mains sur le corps de votre chien et de suivre tout changement qui pourrait mériter d'être signalé à votre vétérinaire.

Et en parlant du vétérinaire, vous devriez envisager de doubler la visite annuelle chez le vétérinaire. Une visite tous les six mois est une meilleure idée maintenant car cela vous permettra de prendre de l'avance sur tout problème de santé que César pourrait développer. Vous pouvez également discuter avec votre vétérinaire pour savoir si certains des vaccins suggérés doivent réellement être administrés à un chien âgé. La rage est généralement obligatoire aux yeux de la loi, mais vous devriez avoir une conversation franche avec votre vétérinaire au sujet des autres vaccins. Le système d'un chien plus âgé peut ne pas tolérer les injections et les rappels comme il le faisait quand il était plus jeune.

Maux liés au vieillissement

Ce n'est pas une discussion facile à avoir, mais à mesure que votre Berger Allemand vieillit, vous devriez parler avec les membres de votre famille de ce que j'appellerai les « éventualités ». Par là, je veux dire certaines des difficultés et maladies que votre chien senior peut rencontrer lorsqu'il entre dans la phase gériatrique de sa vie. Permettez-moi de passer en revue certains des problèmes médicaux auxquels vous pourriez être confronté.

Surveiller l'obésité

Bien que l'obésité soit un élément à surveiller tout au long de la vie de votre chien, il est encore plus important d'y prêter attention dans les dernières années. Tout poids supplémentaire que votre Berger Allemand transporte augmente la probabilité d'hypertension artérielle, de maladie cardiaque et d'ostéoarthrite. Certains types de cancer sont plus fréquents chez les chiens en surpoids et obèses.

Cancer

Il existe plusieurs cancers que l'on trouve plus souvent chez les Bergers Allemands. L'hémangiosarcome en est un. Cette maladie se manifeste le plus souvent sous forme de tumeur sur la rate ou le muscle cardiaque. La chirurgie est parfois possible, mais le pronostic n'est généralement pas bon. L'ostéosarcome est un cancer des os que l'on trouve souvent chez les chiens de grande race, y compris les Bergers Allemands. Il apparaît généralement sur les os longs des pattes et l'amputation est le traitement privilégié.

Cataractes

Les cataractes, ou opacification du cristallin, peuvent se développer à tout âge, mais les chiens âgés sont sujets au type d'apparition tardive. L'affection ne se développe pas nécessairement au même rythme dans les deux yeux. L'opacification commence généralement au milieu de l'œil et s'étend vers l'extérieur, finissant par aveugler tout l'œil. La chirurgie est une option coûteuse mais présente un taux de réussite élevé.

Démence

Vous pouvez l'appeler démence ou dysfonctionnement cognitif canin, mais de nombreux propriétaires peuvent ne pas remarquer les symptômes initiaux de déficience mentale.

- César peut ne pas dormir aussi bien qu'avant
- Il pourrait y avoir un manque de contrôle de la vessie ou des intestins
- Le chien peut sembler plus anxieux, plus souvent
- Déambulation fréquente
- Aboiements et gémissements sans raison apparente
- Niveaux accrus d'agressivité
- Perte d'appétit

- Désorientation, même dans des lieux familiers

Lorsque vous commencez à observer des changements dans le comportement de votre chien, c'est une bonne idée de prendre des notes. Cela vous donnera une chronologie et des détails précis lorsque vous parlerez à votre vétérinaire. Des médicaments peuvent être prescrits pour aider à faire face à certains des symptômes.

Incontinence canine

Il peut y avoir de nombreuses raisons différentes à ce trouble chez les chiens âgés. Il y a deux aspects à cette affection.

1. **Incontinence urinaire**. Les signes peuvent inclure une consommation excessive d'eau, des fuites urinaires, l'émission de grandes quantités d'urine, un arrêt du flux. En outre, les femelles stérilisées peuvent être plus susceptibles de souffrir d'incontinence urinaire en raison d'un manque d'œstrogènes. Des médicaments sont prescrits pour aider à gérer cette affection. Une intervention chirurgicale peut également parfois être nécessaire. La plupart des Bergers Allemands répondent bien au traitement.

2. **Incontinence fécale**. Les signes peuvent inclure la défécation dans des endroits inappropriés, un estomac ballonné, une sensibilité de l'arrière-train, le fait de traîner l'arrière-train sur le tapis ou le sol. Cette affection est souvent causée par une maladie de la moelle épinière et des lésions nerveuses. Le traitement dépendra de la cause exacte, mais le pronostic peut être optimiste.

Qualité de vie

Je serai complètement franc avec vous. C'est la section du « Guide complet des Bergers Allemands » que je n'ai jamais voulu écrire. Prendre des décisions de fin de vie concernant l'un de vos membres de famille les plus aimés est extrêmement traumatisant. Il y a le désir de s'accrocher à ce que vous avez : vous ne pouvez pas imaginer la maison sans ce gros vieux chien haletant qui se traîne, les ongles cliquetant sur le parquet. N'était-il pas juste un chiot l'année dernière ? Mais le moment vient toujours, tôt ou tard, où vous devez vous poser les questions difficiles. Si les Bergers Allemands pouvaient verbaliser les choses, le processus pourrait être beaucoup plus facile. Même s'ils ne peuvent pas vous parler, ils vous feront certainement savoir comment ils se sentent. Mais vous devez prêter attention aux signes, et la chose la plus importante dans toute l'équation est la qualité de vie de César. Vous pouvez toujours être égoïste et vous accrocher à quelque chose, mais peut-être, juste peut-être, est-il temps de lâcher prise.

Questions difficiles

Si vous vous posez des questions difficiles, alors vous savez que quelque chose d'inhabituel se passe dans la vie de votre Berger Allemand. Peut-être qu'il ne participe pas avec autant d'enthousiasme à certaines des routines qu'il a appréciées toute sa vie. Je ne peux pas imaginer mon chien, Cody, ne pas vouloir courir après la balle ou tenter de toutes ses forces de gagner une bataille de tir à la corde. Mais c'est à ce moment-là que les questions difficiles commenceront. Vous pourriez être confronté à une maladie terminale avec votre chien, ou aux conséquences d'un accident, ou il pourrait approcher de la fin de sa vie. Les mêmes facteurs entrent en jeu dans votre prise de décision quant au moment de dire au revoir.

Seuil de douleur

L'un des principaux indicateurs pour décider s'il est temps de laisser partir votre chien est la quantité de douleur que ressent César. Les chiens ne vous font pas toujours savoir à quel point ils se sentent mal. C'est parce qu'ils ne peuvent pas imaginer autre chose que le moment présent, et s'ils voient un visage amical entrer dans la pièce, ils sont susceptibles de remuer la queue même s'ils ressentent beaucoup d'inconfort. Donc, la détermination du seuil de douleur vous incombe. Voici quelques éléments à surveiller.

- Quantité disproportionnée de pleurs ou de gémissements
- Tremblements incontrôlés
- Aucun intérêt à boire ou à manger
- Halètement intense
- Agitation

L'appel à votre intuition

C'est là que vous devez faire la différence entre vous et votre chien. Ce qui est bon pour vous, ce qui est bon pour César. Soyez aussi impartial que possible (ce n'est pas vraiment possible, mais imaginez que vous pouvez l'être) et regardez tous les signes qui vous sautent aux yeux. Votre chien mange-t-il, quel type d'appétit manifeste-t-il ? Même les mangeurs difficiles, comme le sont certains Bergers Allemands, doivent manger, apprécier de manger, au moins de temps en temps. S'il n'y a pas de plaisir à l'heure des repas, si les friandises ne sont pas aspirées comme d'habitude, cela vous dit quelque chose. Les changements comporte-

mentaux sont un autre indicateur. Si l'animal ne semble pas apprécier grand-chose, s'il y a un manque d'enthousiasme pour les choses en général, c'est un autre signe. Et ce qui les réunit tous, c'est votre instinct, votre intuition. Je suis partisan de parler à votre chien. Asseyez-vous et ayez une conversation avec lui. Parfois, cela vous aide à mettre de l'ordre dans vos idées. Écoutez ce que vous dites. Écoutez ce qu'ils disent.

La décision

Si vous vous écoutez honnêtement et que vous réalisez que votre Berger Allemand souffre beaucoup, alors vous avez une partie de votre réponse concernant le fait de le laisser partir. C'est ce que votre chien ressent. L'autre côté de la médaille est de savoir comment vous vous sentez. Savoir que c'est la bonne chose à faire n'est parfois pas suffisant. Vous devez être capable de vous détacher, de vous dire que lâcher prise est la bonne chose à faire. Pour compliquer les choses, vous pourriez avoir toutes sortes de personnes qui donnent leur avis, y compris des membres de la famille, et ils ont le droit de participer à la discussion. Mais ils ne peuvent pas vous faire culpabiliser. Espérons que vous pourrez parvenir à une décision collective, mais si vous ne le pouvez pas, vous devez quand même suivre ce que votre instinct vous dit être la bonne chose à faire.

Enfin, vous devrez intégrer ce que votre vétérinaire vous dit. Si elle préconise un type de traitement, vous devez y accorder une grande considération. Si elle vous conseille qu'il est temps d'euthanasier César, alors vous devez en tenir compte. Il y aura toujours beaucoup de culpabilité et de tristesse, c'est normal. L'essentiel est de faire ce que votre instinct vous dit être la bonne chose à faire. Personne ne peut vous aider dans cette décision.

Comment faire face au deuil

Lorsque la décision d'euthanasier votre Berger Allemand est prise, vous pouvez ressentir un sentiment croissant de perte, le deuil s'installant, avant même que César ne soit parti. Je ne crois pas aux soi-disant cinq étapes du deuil qu'Elisabeth Kübler-Ross a rendues célèbres. Elle a théorisé que nous passons tous par différentes « phases » pendant et après la mort d'un être cher.

1. Déni
2. Colère
3. Marchandage
4. Dépression
5. Acceptation

Je pense que la plupart d'entre nous suivent leur propre chronologie. Vous pouvez expérimenter certaines des cinq étapes dans l'ordre ou dans le désordre, mais certainement la quatrième, la dépression, sera vécue par la plupart d'entre nous. Je ne suis pas sûr de pouvoir jamais atteindre « l'acceptation ».

Mon chien fait de moi un être plus social. Cody est mon confident. Il ne partage aucun de mes secrets, il a donc toute ma confiance. Il a également la solution à de nombreux problèmes de la vie. La plupart du temps, cela implique de faire une longue promenade et de ne penser à rien d'autre qu'au paysage qui défile. Alors, comment faire face à notre chagrin lorsque ce grand visage de Berger Allemand n'est plus là pour nous aider à naviguer dans la vie ?

Laissez-le arriver

Les premiers jours de la vie après le Berger Allemand seront incroyablement difficiles et vous devez simplement les laisser se dérouler. Le deuil est un processus individuel. Ces sentiments que vous avez, qui vous donnent envie de vous retirer et de regarder par la fenêtre, sont parfaitement naturels. Mais en faisant cela, vous devez, lentement, peut-être juste un peu à la fois, penser à ce qui va suivre. Qu'est-ce qui va se passer dans votre vie maintenant ?

- Même si vous pensez que vous pourriez avoir un autre chien dans un avenir proche, réorganisez les choses dans la maison pour ne pas avoir à voir les rappels d'une présence manquante. La gamelle de nourriture et d'eau doit être rangée pour l'instant, et le lit dans le porche doit être ramassé. Vous ne déshonorez pas la mémoire de César. Vous n'effacez pas son existence, vous avancez simplement.

- Écrivez-vous une lettre sur votre chien. Ou écrivez simplement une histoire libre de tout ce que vous voulez inclure sur la vie de votre animal de compagnie décédé. Il y a des chances que ce soit une compilation de toutes les bonnes choses, même ces nuits tardives avec le chiot qui pleurait quand il est rentré à la maison pour la première fois. Tout cela est bon et cela peut vous faire pleurer, mais c'est normal. Pensez aux aspects positifs.

- Reconnaissez que le chagrin n'est qu'une extension de l'amour pour votre chien. Il vous a donné son amour inconditionnellement et il serait heureux de voir que vous l'avez aimé suffisamment pour le pleurer. On pourrait m'accuser d'anthropomorphisme ici, mais c'est juste ce que je pense.

- Votre Berger Allemand vous a donné un sens du devoir pendant qu'il était en vie, et il y a aussi un héritage de ce devoir. Il a fait de vous une personne plus forte en vous aidant à faire face à la vie. C'est un cadeau qu'il vous a fait et vous devez aller de l'avant avec ce don.

L'une des meilleures choses à propos des Bergers Allemands est qu'ils sont toujours dans le présent. De cette façon, ils ne manquent jamais rien de ce qui se passe autour d'eux. Ils ne se promènent pas la tête dans les nuages en pensant à la semaine prochaine. Ils ne savent même pas qu'il y a une semaine prochaine. Donc, si vous vivez dans le présent, avec le souvenir de César dans votre cœur, vous ne pouvez jamais le perdre. Vous savez qu'il vous aimerait encore plus d'être capable de faire cela.

Rappelez-vous ce que je vous ai dit au début de ce livre ? Que lorsque vous ramenez un chiot Berger Allemand à la maison, vous êtes parti pour l'aventure de votre vie ? Et qu'ils vous aimeront et ne vous quitteront jamais ? Tout cela est vrai.

Mon conseil

➢ Aimez votre chien. Faites-lui un câlin de ma part.

www.ingramcontent.com/pod-product-compliance
Lightning Source LLC
Chambersburg PA
CBHW070847120626
46556CB00002B/912